OSTENSION

SOLENNELLE

DE LA

TUNIQUE

DE N.-S. JÉSUS-CHRIST

ARGENTEUIL

14 Mai — 17 Juin 1894

PAR

L'abbé H. FAIVRE

H. LEBON	A. BONTEMPS
ÉDITEUR	LIBRAIRE
17, rue du Potager	126, Grande-Rue
VERSAILLES	ARGENTEUIL

OSTENSION

SOLENNELLE

DE LA

TUNIQUE

DE N.-S. JÉSUS-CHRIST

ARGENTEUIL

14 Mai — 17 Juin 1894

PAR

L'abbé H. FAIVRE

H. LEBON	A. BONTEMPS
ÉDITEUR	LIBRAIRE
17, rue du Potager	126, Grande-Rue
VERSAILLES	ARGENTEUIL

LETTRE

DE

Monseigneur l'Évêque de Versailles

A M. l'abbé H. FAIVRE, vicaire d'Argenteuil.

Versailles, ce 7 juillet 1894.

Mon cher Abbé,

Je verrai avec grand plaisir la composition et la publication d'un livre, tel que vous le concevez, relatant les magnifiques solennités de l'Ostension.

Il faut en effet qu'il reste plus que le souvenir de nos belles fêtes ; un récit authentique, fait par un témoin oculaire et autorisé comme vous, sera favorablement accueilli dans le présent et recherché dans l'avenir.

Exécutez donc votre pieux projet, et comptez sur ma plus complète approbation.

Bien affectueusement à vous,

† PAUL, *Évêque de Versailles.*

INTRODUCTION

HISTORIQUE DE LA RELIQUE D'ARGENTEUIL

La logique et la coutume exigent que la préface expose le plan général, et mette en relief les différentes divisions de l'ouvrage tout entier.

Or, le modeste volume, qui se présente à vous aujourd'hui, trouve sa division naturelle dans la succession même des Fêtes, dont il voudrait immortaliser la mémoire : point n'est donc besoin de dire comment il se partage.

Il est sans doute plus utile, voire même nécessaire, de consacrer cette introduction à l'histoire de la Sainte Tunique. — S'il reste, en effet, dans votre esprit quelque doute touchant l'authenticité de la Robe-Dieu, comme on l'appelait au moyen-âge, si vous vous demandez encore comment il se fait qu'une Relique, dont vous ignoriez jusqu'alors l'existence, ait attiré autour de sa châsse des foules de pieux pèlerins, lisez les lignes qui suivent.

Écrites par le chef du diocèse qui a l'insigne honneur de posséder l'auguste Relique, écrites par Monseigneur l'Évêque de Versailles lui-même, dans la lettre magnifique, par laquelle il annonçait l'Ostension solennelle de la Sainte Tunique, elles méritent toute votre attention et tout votre respect.

Etudiez-les : vous y puiserez la lumière, et vous saurez, à n'en plus douter, que la Robe sans couture, conservée à quelques lieues de Paris, est digne des plus grands honneurs et des plus profondes vénérations :

« La ville d'Argenteuil, écrivait Mgr Goux, le 20 mars de l'an de grâce 1894, la ville d'Argenteuil possède depuis le temps de Charlemagne une incomparable relique, vénérée au même lieu, durant le cours de onze siècles, comme la Tunique sacrée de Notre-Seigneur Jésus-Christ.

« Deux de nos plus vieux historiens, Grégoire de Tours et Frédégaire, racontent que postérieurement à la donation faite par sainte Hélène à Trèves, sa ville natale, d'un vêtement du Christ, on conservait avec honneur dans une ville de l'Asie-Mineure une tunique de Notre-Seigneur, « celle, dit Frédégaire, qui lui fut enlevée à la Passion et que les soldats, ses gardiens, tirèrent au sort selon la parole du prophète David : *Ils ont tiré au sort mes vêtements* (1).

« Le même historien rapporte que sous le règne du roi Gontran, c'est-à-dire vers l'an 590, la Tunique conservée à Jaffa, non

(1) *Ps.* xxi, 19.

loin de Jérusalem, fut portée avec un grand respect par trois patriarches et d'autres évêques dans la ville sainte, où elle fut placée auprès de la Croix du Seigneur, dont elle partagea sans doute les vicissitudes, lorsque le bois sacré de la Rédemption fut enlevé par les Perses et ensuite reconquis par Héraclius.

« Transportée plus tard à Constantinople, pour être mise à l'abri de l'atteinte des ennemis qui se ruaient, en se succédant, sur les provinces éloignées de l'Empire, nous savons par une tradition appuyée sur des textes nombreux et qui a la valeur de l'histoire, qu'elle fut donnée par l'Impératrice Irène au puissant Empereur des Francs. Ce prince, en qui à la voix du Pape Léon III renaissait l'Empire d'Occident, était connu au loin pour sa valeur et sa foi profonde. Rien ne lui résistait : aussi les Empereurs grecs toujours menacés sur leur trône fragile, recherchaient avidement son alliance. Instruits du grand amour qu'il avait pour les reliques de Notre-Seigneur et des Saints, ils ne négligèrent pas ce moyen de le gagner en lui faisant part des trésors de ce genre que possédait alors Constantinople, et c'est ainsi que le vêtement sacré du Sauveur passa des bords de l'Hellespont aux rives de la Seine.

« Charlemagne n'était pas facile à tromper, et ceux qui voulaient se le rendre favorable auraient manqué leur but, ils se seraient exposés à encourir son courroux, s'ils lui avaient envoyé de fausses reliques; aussi peut-on facilement admettre que les souverains de Byzance ne lui adressèrent pas des présents douteux, et qu'à l'appui de l'authenticité du vêtement sacré, ils fournirent des preuves capables de s'imposer à l'esprit du grand empereur et à la critique de l'Ecole du Palais qu'il avait fondée et qui se tenait auprès de lui.

« Pour assurer la conservation de cet incomparable trésor et donner aux personnes qu'il aimait le plus une marque insigne de son affection, Charlemagne voulut en confier la garde au Prieuré d'Argenteuil, où sa sœur Gisèle et sa fille Théodrade faisaient profession de la vie religieuse. Théodrade en était abbesse, et relevait de l'important monastère de Saint-Denis. La tradition a conservé le souvenir des grands honneurs avec lesquels fut reçue la précieuse relique renfermée dans un coffret d'ivoire, et l'usage s'est perpétué jusqu'à nos jours de tinter la cloche de l'église à une heure après-midi, parce que c'était à ce moment de la journée que la Sainte Tunique était arrivée à Argenteuil.

« Depuis lors, au milieu des péripéties dont se compose notre histoire, souvent au milieu des séditions et des guerres civiles qui ont eu pour théâtre les environs de Paris, objet d'une dévotion et d'un respect qui ne lui ont jamais fait défaut, si ce n'est aux heures les plus néfastes de la Révolution française, la Sainte Tunique n'a cessé d'être possédée par le Prieuré, et, après sa suppression en 1790, par l'église paroissiale d'Argenteuil.

« Au temps des invasions normandes, lorsque sous les faibles successeurs de Charlemagne, les hardis pirates du Nord remontaient avec leurs barques le cours de la Seine et venaient promener l'effroi et le pillage jusque sous les murs de Paris, l'auguste relique fut cachée dans une muraille du monastère, où après plus d'un siècle, et lorsqu'une génération entièrement nouvelle ignorait l'endroit précis où des mains prudentes l'avaient ensevelie, elle fut retrouvée, disent presque tous les chroniqueurs de cet âge, par suite d'une révélation divine ou tout au moins par l'inspiration d'un pieux solitaire.

« Les plus sérieux de ces historiens attestent le fait presque dans les mêmes termes, et donnent du vêtement sacré le signalement qui lui convient encore aujourd'hui. Citons Mathieu Paris, un des historiens les plus estimés du moyen âge ; voici ses propres paroles ; « L'an de Notre-Seigneur 1156, dans un bourg de Paris, au monastère d'Argenteuil, a été trouvée par révélation divine la Tunique du Sauveur ; elle est sans couture et de couleur roussâtre. »

« Cette invention de la sainte relique et la reconnaissance qu'on en fit, furent regardées comme un grand événement. On la célébra par une fête solennelle, la plus importante dont l'histoire ait gardé le souvenir. Hugues, archevêque de Rouen, employé plusieurs fois comme légat par les Souverains-Pontifes, la présida, entouré d'un nombre considérable d'évêques et d'abbés parmi lesquels on cite l'archevêque de Sens, les évêques de Paris, de Chartres, d'Orléans, d'Autun, de Châlons, d'Evreux, de Senlis, les abbés de Saint-Germain et Saint-Denis, dont la présence dans le modeste bourg d'Argenteuil atteste la vénération dont jouissait la relique qu'on avait retrouvée.

« Le roi Louis VII était aussi venu prendre part à la fête avec les grands de sa cour, au milieu d'un immense concours de peuple, et par son assistance donnait presque le caractère d'un acte national à la solennité dont tous les chefs des églises voisines s'étaient empressés à rehausser l'éclat.

« Depuis le douzième siècle, le culte et le concours ne furent jamais interrompus. De grands personnages, des évêques qui, au dire de don Gerberon (1), s'y faisaient porter pour recouvrer la santé, des rois, des reines, Blanche de Castille, Saint Louis, Henri III, Louis XIII, le Cardinal de Bérulle, le P. de Condren, le Cardinal de Richelieu, le Cardinal Fleury, Saint Vincent de Paul, M. Olier, et bien d'autres, se succédèrent pieusement auprès de la Sainte Tunique.

(1) *Hist. de la Sainte Robe de Notre-Seigneur*, 1677.

« En 1680, Marie de Lorraine, duchesse de Guise, qui avait hérité des sentiments chrétiens de sa famille, touchée de voir un tel trésor renfermé, comme il l'était depuis les guerres de religion, dans une châsse de bois, fit don aux moines qui possédaient le Prieuré d'un très beau reliquaire orné d'or et de pierreries, conservé jusqu'à la Révolution française, au début de laquelle il fut porté à la monnaie.

« On constate que cette translation, qui fut opérée le 22 octobre, donna lieu de déployer la Sainte Tunique : ce qu'on ne se permettait guère dans les siècles passés.

« Moins exigeante et peut-être plus respectueuse que la nôtre, la foi de nos pères se contentait de vénérer l'objet sacré dans l'enveloppe qui le recouvrait, comme les chrétiens adorent le corps de Jésus-Christ caché à leurs regards sous les voiles eucharistiques.

« L'exemple venait de haut. Dom Gerberon raconte que le roi Louis XIII étant venu faire ses dévotions à Argenteuil, quelqu'un lui suggérait de faire tirer la Sainte Tunique de sa châsse pour qu'elle fut déployée devant lui. Mais le pieux roi se hâta de répondre : « Je n'ai garde ; il faut croire et non pas voir. » Déclarant même qu'il n'était pas digne de baiser le reliquaire qui contenait le vêtement du Sauveur, il voulut seulement que le gardien du trésor y fit toucher le chapelet qu'il lui tendit, et en le recevant il dit au religieux : « Vous m'avez fait un grand plaisir ; ce chapelet a touché quantité de saintes reliques dans mes voyages, mais j'en ferai encore plus d'estime à présent qu'il a touché la plus sainte relique du monde. » Heureux temps que celui où l'esprit religieux des souverains s'affirmait par de tels actes et par des paroles empreintes d'une foi si profonde et si humble ! *La piété est utile à tout,* dit la Sainte Écriture. Elle aide même à procurer le bonheur temporel : les économistes assurent que le règne de Louis XIII est de toute notre histoire le temps où les Français furent le plus heureux.

« Hélas ! après tant d'illustres hommages, les mauvais jours allaient venir. Chacun sait, sans que nous ayons besoin d'insister, comment en 1790 l'Assemblée nationale, violant les droits sacrés de la propriété et bravant les censures de l'Église, décréta la confiscation de tous les biens ecclésiastiques et la suppression de tous les couvents. Le Prieuré d'Argenteuil subit le sort commun ; mais tel était, même à cette triste époque, le respect professé pour la Sainte Tunique, que la municipalité d'Argenteuil, d'après un arrêté concerté avec le procureur de la Commune, invita par lettre circulaire toutes les municipalités du canton ainsi que tous les corps constitués et sociétés du bourg, à se trouver réunis le jeudi 2 juin pour assister à la translation solennelle de la Sainte Tunique, qui devait être faite de l'église du Prieuré dans l'église paroissiale. »

. . . .

Monseigneur l'Evêque de Versailles continue sa brillante et savante étude en montrant comment la Robe précieuse, un instant éclipsée pendant la Révolution, brille d'un éclat nouveau dès le commencement du xixe siècle.

Le culte de la Sainte Tunique prend alors un essor définitif, qui, favorisé par les Evêques de Versailles et les différents Curés d'Argenteuil, grandit sans cesse pour aboutir à la manifestation splendide dont nous avons été les heureux témoins !

« *Seigneur*, disait le poète anglais, *gardez ma mémoire fraîche.* »

Seigneur, dirons-nous à notre tour, gardez notre cœur plein de votre divin amour, gardez notre intelligence pleine de vos éblouissantes lumières, gardez notre âme pleine de votre sainte foi ; gardez enfin la fraîcheur à notre mémoire afin que jamais nous ne puissions oublier la gloire de votre saint vêtement, afin que toujours nous nous souvenions des bienfaits que vous avez répandus de ses franges précieuses sur votre peuple fidèle.

Bénissez donc, Seigneur, ces humbles feuilles, et faites qu'elles aillent de ci de là chasser l'oubli et semer le souvenir.

H. F.

En la fête de Notre-Dame du Mont Carmel, 1894.

CHAPITRE I

L'ÉGLISE ET LE RELIQUAIRE.

L'histoire de la Sainte Tunique ne compte dans les âges passés que deux ostensions solennelles : l'une en 1156, l'autre en 1680.

Il était réservé au XIXe siècle de voir la troisième, plus glorieuse et plus grandiose que les précédentes, car, jamais les foules ne s'étaient portées avec autant d'empressement auprès de l'insigne Relique, et jamais aussi la Robe sainte n'avait eu pour temple une église si magnifiquement ornée et pour tabernacle un reliquaire si précieux.

*
* *

Dès le 12 mai, la belle église romane d'Argenteuil est parée de ses plus riches ornements. Au sommet du clocher et sur les cartouches qui pavoisent le portail flottent des faisceaux de drapeaux français; et les trois couleurs, sans cesse agitées par les souffles du vent, semblent convier la France entière à cette grande fête à la fois religieuse et nationale.

L'intérieur du temple est harmonieusement

décoré. Le long des galeries du sanctuaire et du chœur courent de riches draperies de velours rouge, dont les crépines d'or se détachent sur les baies sombres des arceaux.

Au milieu de chaque triforium, un écusson, portant sur champ d'azur un instrument de la Passion et couché sur deux grandes palmes vertes, marie heureusement le grenat des velours et le blanc de la pierre.

Un immense manteau royal, relevé par des cordelières d'or, enveloppe le maître-autel de ses plis larges et soyeux... Les trônes réservés aux Cardinaux et aux Evêques dans le sanctuaire, la chaire et le grand crucifix dans la nef sont décorés avec le même goût et la même richesse.

Mais là où le décorateur a fait œuvre d'artiste, c'est dans l'ornementation de la chapelle de la Sainte Tunique; et si le mot n'était pas profane nous pourrions dire à notre tour :

Ce ne sont que festons, ce ne sont qu'astragales.

Le grand tableau qui représente la scène du 12 août 800 : l'entrée de la Sainte Tunique à Argenteuil, ce tableau est admirablement encadré d'étoffes sombres qui font ressortir l'éclat des couleurs. — En face un immense panneau de velours porte les armes de l'église paroissiale, qui ne sont autres que les armes de l'ancien couvent d'Argenteuil (1).

Enfin tout ce qui dans cette chapelle n'est

(1) Ces armes sont celles qui ornent la couverture de ce volume.

pas vitrail ou tableau est tendu de velours, et les écussons du chœur se reproduisent le long des frises. — Et pourtant, malgré sa richesse, cette décoration n'était pas surchargée : à la fois simple et bien fournie, sobre et gracieuse, elle encadrait parfaitement le reliquaire monumental qui se dressait devant l'autel privilégié de la Sainte Tunique et qui renfermait la précieuse Relique.

*
* *

S'il est vrai que l'ornementation de la chapelle fasse ressortir le Reliquaire, il n'est pas moins vrai que le reliquaire lui-même soit bien propre à mettre en relief la Robe sacrosainte.

Le monument, de style roman-bysantin, se compose de deux pièces distinctes : le *reliquaire proprement dit*, puis, *l'édicule* qui le renferme.

1° L'Édicule, dont la hauteur totale est de $3^m,45$, se compose à son tour de quatre colonnes palmées supportant un dôme énorme à frontons triangulaires.

Chaque *colonne est formée de trois tronçons reliés par des bagues unies,* fortement profilées. De plus chaque colonne terminée par un chapiteau roman du style le plus pur porte une *légère tourette*, ornée de fenêtres formées par des plaques d'émail et qui se perd dans un petit dôme à écailles ciselées.

Les deux tourettes de face sont reliées entre elles par une galerie faite de cinq arcatures.

« Tout le fond de ces arcatures est fermé par
« des panneaux émaillés sur lesquels se dé-
« tachent en haut-relief cinq anges à mi-corps
« et d'attitudes variées, portant chacun des
« instruments de la Passion » (1).

Cette galerie est surmontée de *trois médaillons :* celui du milieu a la forme elliptique et représente en haut-relief Jésus-Christ dans sa gloire ; des deux autres se dégagent des anges adorateurs.

Sur les faces latérales, les tourettes sont réunies par une galerie qui fait suite à celle de la face ; mais ici nous ne voyons que *trois arcatures sur le côté droit de l'édicule* et dans l'arcature du milieu, nous apercevons Charlemagne : il tient en ses mains la réduction du fameux coffret d'ivoire, dans lequel il apporta la Sainte Tunique, et qui, aujourd'hui perdu, figure encore dans l'inventaire fait au Prieuré d'Argenteuil en 1790. Les niches de droite et de gauche contiennent les inscriptions suivantes :

Tunicam Domini	Circiter anno
Inconsutilem	VCCC
Karolus Magnus	die XII^a Augusti
Argentolium	affert

Sur le côté gauche de l'édicule et dans l'arcature du milieu apparaît Théodrade, couronnée comme fille de roi ; à sa droite et à sa gauche nous lisons :

(1) Conf., *la Tunique sans Couture*, par l'abbé Jacquemot, page 295.

Sacrum	Monasterii
redemptionis	abbatissa
pignus	cum jubilo
Theodrada	accipit

Enfin le tympan de face se termine par *une galerie ajourée surmontée d'une boule à panache* profondément fouillée et finement ciselée.

La base de l'édicule est très simple : c'est un socle massif, duquel se détache cette inscription en cuivre sur émail cloisonné :

Hæc : est : Tunica : inconsutilis : Domini : Nostri : Jesu-Christi.

Ce monument, tout entier en bronze doré, du style le plus correct et du goût le plus pur, n'est pourtant que le réceptable, le cadre du RELIQUAIRE PROPREMENT DIT.

2° Le Reliquaire proprement dit. — Celui-ci, en effet, est un cube rectangulaire mesurant 1 m. 20 de base sur 1 m. 75 de hauteur. Sa façade et ses faces latérales sont munies de *glaces* qui permettent de contempler la Sainte Tunique dans son entier développement. La façade principale, surtout, demande une attention particulière ; il faut remarquer, pour les admirer comme ils le méritent, ses pilastres légers et ornés de cabochons éclatants, ainsi que son arcature décorée d'émaux champlevés d'une rare finesse et d'un brillant coloris (1).

---

(1) Le monument a été exécuté par la maison Poussielgue, à Paris.

CHAPITRE II

LA SAINTE TUNIQUE.

Renfermée dans des reliquaires plus ou moins riches, mais tous relativement étroits, la Sainte Robe fut, pendant de longs siècles, pliée ou roulée sur elle-même, et, par conséquent, froissée en plusieurs endroits.

Or, pour la présenter à la vénération des fidèles, il était juste de lui rendre tout l'aspect que son état de conservation lui permet encore d'avoir; et Monseigneur l'Evêque de Versailles pensa que M. l'abbé Gallet, chanoine titulaire de l'Eglise cathédrale et archiviste diocésain, était tout désigné pour ce difficile et minutieux travail.

Ce choix fut heureux; car, sans rien ajouter à l'auguste Relique, M. le chanoine Gallet, avec une délicatesse vraiment remarquable, a su réparer à la fois, et les outrages des siècles, et les déchirures dont la Robe sainte fut victime en 1793.

Au commencement de la grande Révolution, en effet, la Robe sacrée avait encore sa longueur primitive : quatre pieds et demi, c'est-à-dire 1 m. 48. — Mais le 18 novembre 1793, M. Ozet, alors curé d'Argenteuil, soucieux de soustraire l'auguste Relique aux profanations sacrilèges, pensa que le morcellement du précieux vêtement assurerait, au moins par quelque débris, la conservation d'un si grand trésor. Il le déchira donc en plusieurs morceaux. Les plus considérables de ces morceaux furent cachés dans le jardin du presbytère par M. Ozet lui-même, qui confia les autres à de pieuses familles d'Argenteuil.

Deux années se passent, pendant lesquelles la sainte Relique demeure ensevelie, tandis que le curé est enfermé dans les prisons de Saint-Germain.

Bientôt l'orage révolutionnaire se calme; quelques rayons de paix traversent les nuages chargés des fureurs populaires, les portes des cachots sont ouvertes, et M. Ozet se hâte de regagner sa paroisse. Il s'empresse de rendre la sainte Relique à la vénération des fidèles; il en recueille les morceaux épars : comme on devait s'y attendre, quelques-uns manquent à l'appel, mais il place les autres dans un modeste reliquaire et prend soin de noter cette translation dans les termes suivants : « L'an « de Notre-Seigneur 1795, le jour de l'Ascen-« sion, la Sainte Tunique a été extraite du « lieu où elle avait été cachée, pour être « déposée dans ce petit tombeau. — Ozet, « curé d'Argenteuil. »

Nous ignorons quelle quantité de la Relique précieuse fut alors renfermée dans « ce petit tombeau »; mais nous savons qu'en 1882, l'église d'Argenteuil possédait QUATRE MORCEAUX de la Sainte Tunique, et ce sont ceux-là qu'elle possède encore aujourd'hui.

Le morceau le plus important ($1^m22 \times 1^m10$), comprend : 1° Toute la partie du dos qui demeure encore; — 2° L'encolure, dont l'ourlet déchiré est mis à part; — 3° Les épaules; — 4° Les manches à peu près entières comme largeur, mais n'atteignant que le tiers environ de leur longueur primitive; — 5° Le haut de la poitrine.

Le deuxième morceau ($0^m,68 \times 0^m,43$), a la forme d'un rectangle. Il a été déchiré, non décousu, sur les quatre côtés. Cette pièce fait toute la largeur de la poitrine, et comme ses déchirures s'adaptent parfaitement aux déchirures du premier morceau, il est évident que *ces deux parties de la Relique formaient le pourtour entier du vêtement.*

Le troisième morceau ($0^m,36 \times 0^m,22$), est presque triangulaire. Il paraît provenir du bas de la Robe, où se trouve une déchirure de forme identique et de dimensions correspondantes.

Le quatrième morceau ($0^m,35 \times 0^m,12$), est étroit, irrégulier et fort attaqué par les morsures du temps.

Or, le 26 avril 1892, en présence de Monseigneur Goux, Evêque de Versailles, M. le chanoine Gallet a religieusement pris les deux premiers morceaux, en a rapproché les déchirures et *les a fixés légèrement avec de la soie sur une étoffe de même couleur à peu près que la Relique, mais d'un tissu absolument différent*, afin d'éviter toute confusion dans l'avenir.

Les deux dernières pièces qui n'ajoutent rien d'essentiel à la forme du vêtement, ont servi à compléter les morceaux précédents, « sans que l'on puisse affirmer, dit le procès-« verbal dressé dans cette circonstance, que « leur place actuelle soit bien celle qui leur « appartenait. »

« Telle qu'elle est donc, continue le même procès-verbal, la relique présente une forme identique à celle que lui donnent les anciennes images : un vêtement droit, avec l'encolure pour passer la tête, deux manches courtes retombant sur les côtés.

« Il manque toute la bande inférieure, ce qui explique comment les dimensions signalées autrefois ne sont pas atteintes. De plus, sur le devant, il manque un morceau, d'environ $0^m,30 \times 0^m,70$, qui devrait réunir, au bas de la poitrine, les parties en retour du grand morceau (1). »

Qu'il nous soit permis de faire ici deux remarques d'une importance capitale, et que nous ne pouvons passer sous silence :

(1) Conf. *La Tunique sans couture*, par l'abbé Jacquemot, page 293.

D'une part, M. le chanoine Gallet, qui a étudié de très-près la facture de la Sainte Tunique, qui en a minutieusement suivi la trame puisqu'il l'a fixée *maille par maille* sur une étoffe de soutien, M. le chanoine Gallet certifie, d'accord en ceci avec *tous* les documents authentiques des siècles précédents, qu'il n'a rencontré durant son travail *aucune trace de couture* ; il ajoute que les manches elles-mêmes font partie du vêtement par tissage et non par addition. La Sainte Tunique est donc INCONSUTILE.

D'autre part, l'examen précis de la Relique, sa longueur primitive et sa largeur totale qui atteint 1 m. 80, permettent de conclure rigoureusement qu'elle fut le VÊTEMENT D'UN HOMME et un VÊTEMENT DE DESSOUS. — Après ce qui précède il serait puéril en effet de prendre à la lettre l'expression « *cappa pueri Jesu* » par laquelle on désigna parfois la Relique d'Argenteuil. — Il ne faut voir dans cette appellation qu'un sentiment de tendre et naïve piété ; vouloir y découvrir un argument contre la Sainte Tunique que possède la France, c'est perdre à la fois et son temps et sa peine.

. . . .

La Robe *en drap d'or*, longue de 1 m. 48 et que renfermait durant l'Ostension le Reliquaire proprement dit, avait donc les dimensions et la forme de la précieuse Relique avant son morcellement.

Sur cette Tunique idéale, le 11 mai 1894, sa Grandeur Mgr Goux, évêque de Versailles, qu'on se plaît à nommer désormais « l'Evêque de la Sainte Tunique » déposa la sainte Robe qui mesure aujourd'hui 1 m. 22 de longueur.

Cette Tunique sacrosainte fut présentée à la vénération des fidèles DE DOS ET A L'ENVERS, afin que tous les pèlerins pussent contempler les traces du sang divin de Jésus. — Ajoutons, pour éviter la plus légère méprise, que toute l'étoffe sombre qui recouvrait la Robe d'or constituait le vêtement sacré, régularisé d'ailleurs par la doublure elle-même, dont la frange inférieure excédait de quelques centimètres les dimensions réelles du précieux tissu.

Tous les pèlerins d'Argenteuil ont donc vu la Sainte Tunique. Ils l'ont vue véritablement et de leurs yeux. Ils l'ont vue non-seulement dans le petit Reliquaire qui contenait une parcelle de la sainte Robe : parcelle destinée à être baisée par les fidèles; mais ils l'ont vue dans sa grande châsse d'or et de pierreries; et ils peuvent se féliciter d'avoir admiré, contemplé et vénéré « *la plus insigne relique qui soit au monde, selon la parole de Louis XIII, après le bois sacré de la vraie Croix.* »

CHAPITRE III

LA GARDE D'HONNEUR

Tout souverain possède une garde d'honneur composée des hommes les plus grands et les plus beaux de la nation. Le Vêtement ensanglanté du Roi des Rois fut entouré, lui aussi, d'hommes choisis, grands non par la taille (ce qui est peu de chose), mais grands de ce qui fait la véritable grandeur, c'est-à-dire grands par le cœur, et beaux de cette beauté qui n'a rien d'éphémère, parce qu'elle puise tout son lustre dans la vertu chrétienne.

Deux phalanges, en effet, se sont rencontrées auprès de l'insigne Relique.

L'une, que nous appellerions volontiers « *la jeune garde* », était recrutée parmi les Patronages, les Cercles catholiques et les Collèges chrétiens. — Sous l'habile direction de M. Henry Martin, président du patronage d'Argenteuil, et de M. H. de Lassuchette, président du cercle Montparnasse, ces chers jeunes gens, portant *le brassard rouge aux armes de la Sainte Tunique*, veillaient à ce que l'ordre le plus parfait régnât dans le défilé incessant des pèlerins devant la Sainte Robe. Aux précieux compliments qu'ils ont reçus de Son Eminence le Cardinal Langénieux, que les vaillants *commissaires* nous permettent d'unir nos affectueuses félicitations pour le zèle, le dévouement et la distinction avec lesquels ils ont rempli leurs difficiles et délicates fonctions.

Mais aux jours de grande solennité et chaque nuit de l'Ostension, nous avons vu devant la Sainte Tunique une autre phalange glorieuse et digne assurément d'être à l'honneur, car elle fut à la peine : c'était la « *vieille garde* », c'étaient les survivants des zouaves pontificaux. Dans leurs yeux ne brillait plus la flamme de la jeunesse, mais sur leurs fronts bronzés par le soleil d'Italie et le feu des batailles resplendissait l'ardeur de la foi et du courage chrétien. Ils étaient là, heureux d'affirmer par leur présence qu'il existe toujours en France des hommes prêts à donner leur vie pour la défense de l'Eglise catholique, apostolique et romaine.

Ils étaient là, les héroïques frères d'armes des martyrs de Castelfidardo ; ils étaient là, fiers d'être une fois de plus les témoins de Jésus-Christ et de prouver au monde que la race des martyrs n'est pas encore éteinte. Sur leurs poitrines brillait la médaille de Mentana qu'ils reçurent des mains du Souverain

Pontife Léon XIII, puis un insigne finement émaillé, créé pour la circonstance. Au centre d'une croix de Malte rouge et bordée d'or se détachent les armes de la Sainte Tunique; elles sont surmontées de la couronne de Charlemagne, et couchées sur le drapeau du Pape et la bannière du Sacré-Cœur. Un ruban blanc et bleu, semblable à celui de la médaille pontificale, est gracieusement suspendu aux bras de la Croix et porte l'inscription suivante :

LA SAINTE TUNIQUE DE NOTRE-SEIGNEUR

Garde d'Honneur — Mai 1894 — Argenteuil.

C'est un véritable bonheur pour nous de signaler à l'admiration de tous les braves gardiens de la Robe-Dieu :

Général baron DE CHARETTE.	DRAPEAU, notaire.
Vicomte D'ALLAINES.	P. Flipo VAN ESLANDE.
Vicomte E. D'AQUIN.	F. GAMBIER.
AUBINEAU.	GRIOLLAY.
Marquis DE BAVAS DE BARUEL.	Baron DE KERTANGUY.
	Ch. LAPORTE.
BESCHES.	Baron DE LA TOUSCHE.
H. DE BOISSIEU.	Comte DE LA VAULX.
Comte DE BOURBON.	DE LESCANDE.
Comte DE BOURBON-BUSSET.	L. LUCAS.
	Al. MŒRRIS.
DE BRÉMOND D'ARS.	H. DE POULPIQUET.
Comte DE LA BRIÈRE.	Vicomte R. DU PUGET.
Vicomte DE CHAMPEAUX-VERNEUIL.	P. RÉMY.
	Marquis DE RIGAUD.
DE CHAMBURE.	SALVAGNIAC.
Comte DE GOUGNY.	Ange ROUGÉ.
Comte F. DE DIESBACH.	TENAILLON.
	Comte KELLER.

Baron A. d'Amphernet.
Aubry.
Vicomte du Baudiez.
Marquis de Beauffort.
A. Bodin.
de Boudard.
F. Bouriau, curé de Montigny.
Robert.
L. Bresson.
Comte de Chateaubriand.
P. Chotard.
Baron de Cokborne.
L.-M. Colson, curé de Pont-sur-Seine.
P. de Diesbach.
J. Dumoulin, abbé.
E. Gaillard.
Comte le Gonidec de Traissan.
Kastner.
Vicomte de la Noue.
Comte de la Roche-Brochart.
de la Valette.
Docteur Lelièvre.
O. Le Creut.
Comte Ch. de Lur-Saluces.
Comte de Pinieux.
du Pré de Saint-Maur.
Paul Rivain.
A. Ryder.
Comte de Riancey.
H. Schynx.
Ernest Simon.
Aloys Tuccimeï.
Baron Odon de Verthamon.
Stéphane Wibaud.
G. de Villiers de l'Isle-Adam.
d'Yénis, curé de Villeneuve-Saint-Georges.
Edouard Vannier.

Les zouaves qui *étaient de faction* le premier jour de l'Ostension ont demandé une audience à Monseigneur l'Evêque de Versailles, qui les a reçus avec grande joie dans les salons du presbytère d'Argenteuil. Et là, il se passa une scène bien touchante qu'un témoin oculaire a retracée le 20 mai dans *Le Bien public*, de Bruxelles. Aussi laissons-nous la parole ou mieux la plume à notre heureux confrère :

« Dès le début de l'entrevue, M. le commandant Le Gonidec de Traissan, député d'Ille-et-Vilaine, présenta ses chers cama-

rades à Monseigneur l'Evêque, en ces termes :
« Monseigneur, vous voyez ici les zouaves pontificaux qui se sont réunis pour rendre leurs hommages à la Sainte Tunique du Sauveur. Ils sont tous venus, répondant au premier appel qu'a bien voulu leur adresser M. le Curé de Montigny qui est l'âme de cette démonstration et à qui en revient tout l'honneur ; c'est lui en effet qui en eut l'idée et c'est lui qui a fait les démarches nécessaires à sa réussite. Ils sont venus, dis-je, se réunir comme au combat, sous les ordres de leur commandant qui est heureux de pouvoir vous offrir leurs services. Vous n'avez qu'à parler, Monseigneur, qu'à dire un mot, nous sommes prêts à obéir et à prouver notre dévouement à la sainte cause de l'Eglise. — Nous avons été les défenseurs du Saint-Siège, nous sommes aujourd'hui les gardiens de la Sainte Tunique ; ce dernier titre, c'est de vous que nous le tenons ; ce dernier honneur, c'est vous qui nous le faites ; veuillez donc agréer nos sincères remerciements. »

« Ce discours si simple nous avait tous enthousiasmés, continue le narrateur Monseigneur répondit en remerciant les zouaves en son nom et en celui de tout le clergé pour l'attachement qu'ils témoignaient envers la Sainte Eglise : « D'ailleurs, ajouta Sa Grandeur avec un bon sourire, je connais depuis longtemps votre dévouement aux bonnes causes, et je suis heureux de dire que je compte plusieurs zouaves parmi mes meilleurs prêtres. De ce nombre je n'oublierai pas de citer M. l'abbé Bourriau. » Celui-ci prit ensuite la parole pour remercier Monseigneur de l'honneur qu'il lui faisait en le nommant, lui, le dernier et le plus indigne de tous les zouaves. A ces mots, tous se sont récriés avec de vives protestations.

« Mais aussitôt le bon Curé s'est tourné vers les zouaves et montrant M. le doyen d'Argenteuil : « Nous n'aurons garde, Messieurs, dit-il, d'oublier dans notre gratitude le vénéré Curé de la Sainte Tunique avec lequel a été concertée depuis plus d'un an la pensée de former la garde d'honneur des zouaves pontificaux et qui l'a favorisée de tout son cœur... » A ces mots, les mains se sont tendues vers le zélé Doyen qui s'en trouvait tout ému.

« Monseigneur l'Evêque de Versailles a alors appelé un évêque revenant de Grèce, et le pria de vouloir bien bénir avec lui les défenseurs de Pie IX, les glorieux combattants de Mentana, les bons zouaves français. « Vous qui avez déjà traversé bien des dangers, bien des privations, bien des épreuves, votre bénédiction leur portera bonheur ; venez et bénissons-les, eux et toutes leurs familles. » Et deux bénédictions épiscopales descendirent sur ces courageux catholiques. L'audience était terminée. »

Il est une chose que le bienveillant auteur

de cet article ne dit pas : c'est la délicieuse douceur des nuits passées auprès de la Sainte Tunique. Mais le vaillant petit journal des zouaves *L'Avant-Garde*, s'empresse de combler la lacune, et fait de ces sanctifiantes veillées le charmant récit suivant :

« Les portes de l'Eglise sont fermées et verrouillées à partir de six heures du soir ; nous sommes les maîtres de la citadelle et nous usons largement de notre privilège ; nous allumons les cierges que les pèlerins ont déposés autour et devant le splendide reliquaire de la Sainte Tunique et il y en a de longues tablées. C'est un devoir pour nous, de les faire brûler, les pèlerins les ont payés pour cela et d'ailleurs il y en aura demain davantage ; nous jouissons ainsi d'une illumination *à giorno* du plus curieux effet dans cette grande et belle Eglise à trois nefs, dans ce silence imposant de la nuit et à travers le vide saisissant de l'édifice. Chacun travaille à l'illumination et n'était le silencieux respect avec lequel ils accomplissent ce premier devoir, on les prendrait pour des faux-monnayeurs éclairant la caverne de leurs travaux occultes. Des prie-Dieu sont installés autour du précieux Reliquaire, le plus près possible ; chacun se range aux pieds de la Robe du Sauveur. Un recueillement et une paix intérieure vous envahissent progressivement et vous portent à la prière sans effort ; les yeux ne peuvent se détacher de la Cape du Sauveur.

Un camarade, prêtre ou non, parle à Notre-Seigneur au nom du régiment, exposant simplement mais avec confiance tous les désirs formés dans le cœur de chacun et toutes les recommandations particulières qui ont été adressées tant pour les vivants que pour les morts ; cette prière faite à demi voix, unit bientôt comme en un seul cœur, les cœurs de tous les gardes présents et il se passe alors dans leurs âmes, un bien-être indéfinissable, un bien-aise sans nom, une émotion si douce qu'ils voudraient toujours rester ainsi ; c'est durant ces nuits bénies que l'on comprend, que l'on ressent bien le *bonum est nos hic esse* des heureux apôtres sur le Thabor.

« Les yeux qui dévorent la Sainte Robe semblent contempler en même temps la Sainte-Vierge Marie tissant avec amour le vêtement qui boira la sueur et le sang de son Divin Fils ; il semble qu'on la voit mouiller de ses larmes ce travail dans lequel Elle s'absorbe et les larmes de Marie appellent les nôtres, comme elles appellent le souvenir aussi de l'empire maternel qu'Elle exerce sur son Divin Fils et alors la prière soutenue par la pensée de Marie devient plus tendre, plus pressante, plus suppliante et plus confiante, puisque c'est par Marie qu'elle arrivera au Cœur de Jésus, *Per Mariam ad Jesum* ; on se lève alors, disant le chapelet à haute voix et, parcourant l'église à pas lents ; la garde d'honneur fait sa ronde, visitant scrupuleusement les portes, les confessionnaux et tous les recoins du temple saint. Avec le chapelet, finit la ronde; la garde vient s'asseoir devant le Reliquaire et reprend seul à seul sa prière, sa petite conversation, sa rêverie avec Notre-Seigneur; elle assiste en esprit à son agonie et à sa sueur de sang, à sa flagellation, au dépouillement de sa Robe qu'elle a sous les yeux; elle se représente les soldats assis sur le Calvaire tirant au sort cette Robe dont ils ignorent le prix et la valeur.

. . . .

« Voici minuit, c'est l'heure des crimes, dit-on... nous en faisons l'heure d'expiation; deux gardes prennent les acolythes, un autre la Croix et tous marchent à la suite, un prie-Dieu à la main ; le Chemin de Croix s'accomplit avec autant de solennité qu'une paroisse en déploie au jour du Vendredi-Saint; à chaque station on chante l'*Adoramus te Christe* et le *Sancta Mater istud agas* ; ce chant nocturne a aussi sa douceur et son impression dans nos cœurs ; nous nous figurons les premiers chrétiens aux Catacombes accomplissant la nuit leur cérémonies augustes; la ferveur augmente parce que, à chaque station, le nom du Régiment, le souvenir de nos camarades vivants ou morts, reviennent sur nos lèvres comme dans le cœur; il semble que le Régiment tout entier soit là présent avec nous. Et puis comment ne pas se sentir pénétré d'un redoublement de componction pendant ce pieux exercice que nous convenons de faire avec les dispositions que nous voudrions avoir, si nous l'accomplissions pour la dernière fois de notre vie ; la même résolution nous accompagne ensuite à la confession et à la communion. Le Chemin de la Croix suivi dans la nuit qui a précédé la fête du dimanche 10 juin a été peut-être le plus émotionnant ; nous étions douze, le porte-croix, enfant d'un de nos camarades, nous précédait avec une piété angélique, chargé d'une double croix, car depuis sa naissance, Dieu semble s'être complu à le couvrir d'infirmités diverses ; il était là pour demander avec nous le redressement naturel de ses membres et sa complète guérison ; d'autres fils de zouaves l'accompagnaient l'acolythe en mains, sollicitant eux aussi avec ferveur le rétablissement de la santé de leurs pères.

« A 1 heure la messe ; elle est matinale ! Ah ! dame ! on se dépêche pour bien faire tout et pour se donner tout entier à Notre-Seigneur, dans les meilleures conditions. Dans une heure ou deux, la pauvre nature réclamera ses droits, les yeux comme l'esprit s'appesantiront et nos têtes bon gré mal gré deviendront des encensoirs vivants devant la Cape de Jésus-Christ. La messe des gardes d'honneur ! Vrai ! Il est difficile de résister à l'émotion ! C'est un camarade qui célèbre, ce sont des camarades qui, tous groupés autour de l'autel, répondent en chœur la messe dite pour eux et pour leurs frères d'armes vivants et décédés ; seuls avec leur Dieu qui se donne à eux ; seuls avec lui, comme les Apôtres sur le mont Thabor, dans le calme de la nuit ; seuls avec Lui, par un privilège spécial, par une grâce de dilection qu'ils s'efforcent d'apprécier à sa juste valeur et pour laquelle ils sentent qu'ils n'ont pas assez de gratitude.

A l'Action de grâces, un petit mot encore aussi reconnaissant, aussi tendre, aussi suppliant qu'il est possible de le tirer de nos pauvres cœurs ; les mots viennent, mais on sent qu'ils voudraient exprimer autrement...; l'important, c'est que les sentiments existent et que Dieu comprenne et devine le reste.

Le moment de la récréation est venu, il en faut toujours un peu pour reposer la faiblesse de notre nature ; on se rend dans la salle des catéchismes, devenue la chambrée de la garde d'honneur ; sur une petite table, nous faisons notre café comme au camp de Porto-d'Anzio ; pendant que l'eau chauffe sur notre petite lampe à esprit de vin, on cause, on s'entretient du bonheur mutuel de cette veillée, on renoue connaissance après bien des années ; il y a des camarades qui se sont revus là pour la première fois depuis 33 ans ; voyez-vous l'explosion de joie qui éclate à cette découverte, les étreintes de mains, les embrassements fraternels..... »

O France chérie, que tu es heureuse d'avoir

de tels fils ! sois jalouse de leurs lauriers ! sois fière de leur foi ! car, tant qu'il restera sur la terre féconde un cœur de la trempe de ces cœurs-là, tu compteras des CHEVALIERS *sans reproche et sans peur* et tu seras digne de porter en face des autres nations le beau titre de « Fille aînée de l'Eglise. »

CHAPITRE IV

L'OUVERTURE DE L'OSTENSION

« C'est une journée du Ciel que nous venons de passer à Argenteuil », disait une personne pieuse en quittant avec regret la Sainte Tunique au soir du 14 mai.

Le jour sans fin de l'éternité en effet sera consacré à la glorification de Dieu, et la mémorable journée du 14 mai ne fut-elle pas, elle aussi, une longue série de triomphes éclatants pour notre Maître adoré.

La vieille France s'est réveillée ; elle a montré ce qu'elle avait encore de chaleur chrétienne dans le sang, et c'est avec sa foi profonde d'antan, c'est avec cet enthousiasme communicatif dont elle a le secret, qu'elle a répondu à la voix éloquente de Mgr l'Évêque de Versailles, et à la prodigieuse activité de M. l'abbé Tessier, curé d'Argenteuil.

***

L'aurore paraît à peine et déjà les cloches de leurs voix puissantes et joyeuses annoncent que l'heure solennelle approche. Le soleil luit, semble-t-il, d'un éclat inaccoutumé, et l'église ouvre enfin ses portes aux fidèles, et ces vers du poète nous reviennent à la mémoire :

> Que tes fils, ô Sion, d'ornements et de fleurs
> Parent leurs fronts et couronnent leurs têtes.
> Reprends tes antiques splendeurs ;
> Il est encor pour toi des transports et des fêtes.

Bientôt, en effet, la vaste nef et les nefs latérales elles-mêmes sont inondées par le flot des pèlerins, si bien qu'à dix heures précises, Mgr Goux, Evêque de Versailles, fait son entrée solennelle au milieu d'une foule compacte, mais silencieuse et recueillie.

Mgr Elias Royek, Archevêque d'Acra, représentant officiel de son Eminence le Cardinal-Archevêque de Paris, accompagne Mgr Goux, entouré de l'élite du diocèse de Versailles.

Dans le cortège épiscopal nous avons remarqué : MM. les chanoines Chaudé et Dutilliet, vicaires généraux ; le R. P. Perdereau, supérieur du Grand-Séminaire ; MM. les chanoines Lenfant, Goux, Gallet, Leblanc, secrétaire général ; les RR. PP. Médard, Ernest et Adolphe, du Grand-Séminaire ; le vicaire général de Mgr Royek ; le R. P. Regnaud, supérieur des RR. PP. Eudistes de Versailles ; le R. P. Frédéric de l'Assomption ; M. l'abbé Millaut, curé de Saint-Roch « qu'on trouve toujours — a dit une voix autorisée, — là où il y a une bonne œuvre à faire ou un bon exemple à donner » ; M. l'abbé Caillebotte, curé de Notre-Dame-de-Lorette ; M. l'abbé Castelnau, curé de Saint-Séverin ; MM. Neveu, curé-archiprêtre de Saint-Maclou de Pontoise ; Marais, curé-doyen de Montmorency ; Dubois, curé-doyen de Poissy ; Trébéden, curé-doyen d'Arpajon ; Séjournant, curé-doyen de la Ferté-Alais ; Brazillier, curé de Sèvres, etc., etc.

Voici que retentit le *Veni Creator;* Monseigneur l'Evêque de Versailles revêtu de la chape et de la mître, portant la crosse, se rend, avec tout son cortège, à la chapelle de la Sainte Tunique. De ses mains, Sa Grandeur fait tomber les voiles qui cachent le reliquaire, et tout à coup la Robe inconsutile du Sauveur apparaît !... Un immense frisson traverse la foule, les genoux fléchissent, les fronts se courbent, les yeux se mouillent de pleurs, et les lèvres tremblantes chantent avec émotion :

Saluons, saluons la Tunique sacrée,
De sueur et de sang tant de fois inondée
   Sur le corps divin du Sauveur !
De Jésus, de Jésus, cherchons la trace sainte,
De douleurs, de travaux, nous trouverons l'empreinte
   Et la vertu du Rédempteur (1).

. . . .

Pendant la messe solennelle chantée par M. Chaudé, vicaire général, Mgr l'Evêque de

(1) *Cantique de la Sainte Tunique,* paroles de M. l'abbé Chevalier, musique de M. l'abbé Tessier, curé-doyen d'Argenteuil.

Versailles tient chapelle; après l'Evangile il quitte son trône et monte en chaire. — Là, d'une voix émue, le vénéré Prélat salue le premier la Tunique sacrée du Sauveur, il regrette d'abord l'absence de Son Eminence le Cardinal Richard qui devait présider la cérémonie et qu'une indisposition retient dans dans son palais archiépiscopal : « La peine que nous cause cette absence est d'autant plus grande, dit Mgr Goux, qu'Argenteuil était autrefois sous la juridiction de Paris, que les archevêques de Paris furent pendant de longs siècles les gardiens, les *garants* de l'authenticité de la sainte Relique, que le vénérable et vénéré Cardinal enfin, en ôtant les voiles qui couvraient la précieuse Tunique, nous serait apparu comme le lien du passé et du présent, comme le trait d'union entre les antiques traditions et les fêtes d'aujourd'hui ». Mgr Goux fait ensuite, à grands traits, l'histoire de la sainte Robe; puis il remarque avec beaucoup de justesse que les époques glorieuses de notre histoire nationale coïncident précisément avec les époques qui surent rendre à la Tunique sacrée les hommages qu'elle mérite. Cette remarque doit être pour nous tous un stimulant puissant : « Aujourd'hui les économistes discutent et les Chambres françaises s'agitent pour trouver la solution de la question sociale, Notre-Seigneur Jésus-Christ pourtant a donné dans son Evangile tous les principes de cette solution et le Pontife suprême, le glorieux Pape Léon XIII, n'a pas fait autre chose dans son admirable Encyclique sur la condition des ouvriers. Du reste la France semble comprendre enfin le langage du Souverain Pontife, elle revient à l'Evangile, elle revient à l'Eglise. Il y a huit jours à peine, elle fêtait Jeanne d'Arc et l'armée avait à cœur de tenir sa place dans cette manifestation religieuse et patriotique. Aujourd'hui vous venez vénérer la pauvre Tunique de Jésus.

Priez donc afin que nous devenions tous les fils de l'Evangile, mais priez non seulement pour vous, priez encore pour notre chère patrie, prions tous ensemble afin que la France redevienne glorieuse, redevienne la France de Clovis, la France de Charlemagne, la France de saint Louis et par le fait même, la France de Dieu. »

Fidèle compagne de l'éloquence, la musique apporta son tribut à cette émouvante manifestation : la maîtrise d'Argenteuil exécuta avec une perfection vraiment digne d'éloges une messe composée de divers morceaux de grands maîtres, un *Gloria* et un *Sanctus* de Gounod, un *Agnus Dei* de Th. Dubois ; notons entr'autres un *Kyrie* très expressif de M. Desvaux, organiste d'Argenteuil, puis un *Offertoire* magistral composé pour la Sainte Tunique par M. Mac-Master, maître de chapelle de la paroisse.

Notre narration serait incomplète si nous

ne donnions pas de justes éloges aux élèves du Grand Séminaire qui ont rempli les fonctions liturgiques avec un ordre parfait et une édifiante ponctualité.

*
* *

La foule fut encore plus compacte à l'office du soir qu'à celui du matin.

Après les vêpres, chantées pontificalement par Mgr l'Evêque de Versailles, le R. P. Ollivier, des Frères prêcheurs, dont l'ardente parole a le don de grouper autour d'elle de si sympathiques auditeurs, est monté en chaire.

L'érudit historien de *la Passion de Notre-Seigneur* était tout naturellement désigné pour chanter les gloires de la Sainte Tunique. Aussi fit-il preuve, en cette circonstance, d'un vaste érudition et d'une éloquence pénétrante. Voici, du reste, son discours :

MONSEIGNEUR, (1)

Lorsqu'ils eurent attaché à la Croix la divine victime, les soldats s'écartèrent un peu, et sur la pente du Calvaire ils s'assirent un instant pour partager les dépouilles du Christ : pauvres et tristes reliques qui ne devaient pas les enrichir.

Quand ils en vinrent à la tunique sans couture qui avait recouvert la chair du Sauveur et s'était imbibée de son sang pendant la flagellation, le couronnement d'épines et la montée du Golgotha, remarquant ce qu'il y avait de délicat dans son tissu souple et léger, ils se dirent les uns aux autres : « Ne la déchirons pas et jetons la au sort. » L'un d'eux devint donc le maître de cette Robe sainte et sacrée, puis emportant

(1) Monseigneur Goux, Evêque de Versailles.

le Trésor que la Providence lui avait confié, il se perdit comme ceux de son rang dans la foule obscure, et cessa par le fait même d'appartenir à l'histoire au premier plan de laquelle il fut un instant placé.

Que devint alors la Sainte Tunique? Certes, n'est-ce pas, si nous étions certains de renouer à travers les siècles, la tradition de nous à ce légionnaire, s'il nous était donné de suivre ce soldat pas à pas et dans l'obscurité où il va cacher sa part de crime qui sera bientôt sa part de repentir, avec quel amour nous poserions nos lèvres sur ce précieux vêtement! Avec quelle foi superbe nous dirions comme l'*hémorrohïsse* : Ah! que ne puis-je toucher seulement le bord de cette tunique, et, en échange de ce bienfait, être guéri! Que ne puis-je sentir à mon tour cette vertu communiquée par le corps sacré du Sauveur! Quelles actions de grâces je chanterais! de quelles lèvres enflammées je dirais moi aussi : Hosanna! béni soit Celui qui vient au nom du Seigneur!!

Eh bien! ce qui semble d'abord impossible se réalise en cette terre bénie. La Robe que le soldat emporta du Calvaire, nous l'étalons glorieusement aux yeux des foules; nous pouvons publiquement, non pas dans l'ombre et en cachette, dignement l'honorer, sans envier à quelqu'un le bonheur de la posséder; nous pouvons montrer au grand jour l'inestimable trésor qui est entre nos mains, mains indignes sans doute mais bien heureuses.

Voici sous vos yeux la Robe que revêtit Jésus, la Robe de Gethsémanie trempée de sueur et de sang, la Robe du prétoire, la Robe du Calvaire, et nous pouvons lui demander les miracles d'autrefois.

Il arrive de temps en temps que la capricieuse fortune inonde tout à coup de ses richesses inespérées quelque malheureux qui n'a connu jusqu'alors que la misère et ses privations. Alors le pauvre, étonné, croit rêver... il doute de son bonheur. Et pourtant ce n'est que la fortune de la terre.

Mais quand il s'agit d'un trésor inestimable comme celui-ci, quand il s'agit du sang de Notre-Seigneur Jésus-Christ, nous avons bien le droit de douter et de nous demander : AVONS-NOUS DES MOTIFS SÉRIEUX POUR CROIRE A L'AUTHENTICITÉ DE CETTE RELIQUE ? C'est ce que je vais vous dire dans une première partie en essayant de renouer la chaîne des traditions.

Puis dans une seconde partie nous nous poserons la question suivante : COMMENT DEVONS-NOUS FAIRE SORTIR LA LOUANGE DE NOTRE CŒUR?

MONSEIGNEUR,

Il y a dans l'Histoire de France des heures privilégiées, il y a dans l'Eglise de France des gloires inestimables, la France est l'élue de Dieu. Le Christ lui a donné ce qu'Il avait de plus précieux, ce qu'il avait de plus aimé ; Il lui a donné Madeleine, Marthe et Lazare ; la France possède la couronne d'épines, la pointe de la lance qui transperça le cœur de Jésus, le vêtement qui but les dernières gouttes de son sang.

Or, dans l'histoire de cette tunique on remarque d'illustres évêques et de saints personnages : c'est d'abord l'Evêque de Jérusalem qui porta la cassette de marbre (tabernacle de la vénérable Relique) de Constantinople dans sa ville épiscopale ; c'est ensuite le grand Charlemagne qui transporte ici la glorieuse Dépouille, et inaugure son culte parmi nous. Puis, moins loin de notre époque, après la grande Révolution, ce sont des évêques, vos prédécesseurs, Monseigneur, qui tirent de l'oubli ce précieux vêtement ; enfin vous êtes venu, et vous donnez, aujourd'hui, à la Robe sacrée les honneurs qui lui sont dûs. Aujourd'hui, en effet, c'est l'heure de la gloire et du rayonnement de la gloire. Votre nom, Monseigneur, s'ajoute à ces grands noms d'autrefois avec je ne sais quoi de particulier. Comme aux confesseurs et aux martyrs, Dieu saura vous rendre au centuple ce que vous avez fait pour Lui, et c'est, comme les yeux éblouis de la gloire future, que je contemple cette étole de gloire céleste que Dieu vous donnera un jour pour récompenser l'aumône que vous faites aujourd'hui aux reliques de son humanité.

Mais avant de commencer cette étude, il y a une invocation à faire. Les Frères Prêcheurs ont l'habitude de mettre leur parole sous la protection de la mère du Sauveur : j'aurai bien garde de manquer à cette pieuse coutume et j'invoquerai la Vierge Marie, car c'est de l'œuvre de ses mains que nous allons faire l'histoire. Asseyons-nous donc, mes Frères, oui, asseyons-nous auprès du métier sur lequel Marie tissa le précieux vêtement et pendant que nous la regardons, chantons avec les anges la salutation de la Vierge : *Ave Maria*.

I

L'Église n'a jamais permis à l'humanité de s'égarer, et, par conséquent, lorsqu'on lui reproche de favoriser le culte des reliques douteuses, on est dans le faux et on a tort. Mais quand il s'agit d'une relique comme celle-ci, il est permis de se demander avec quelles précautions l'Église procède, quand il faut établir l'authenticité d'une relique. — Elle agit comme pour établir la vérité d'un fait historique : c'est donc l'histoire de la Sainte Tunique qu'il faut faire.

Venu le dernier, je n'ai pas la prétention de mieux traiter que mes prédécesseurs ce difficile sujet, mais cependant j'espère combler quelques lacunes et relever certains faits laissés dans l'ombre jusqu'à ce jour. Si mon argumentation ne vous satisfait pas, vous en penserez ce que bon vous semblera, mais j'aurai la conscience d'avoir fait ce qu'il est nécessaire de faire pour appuyer et prouver une thèse quelconque.

Nous sommes au pied de la Croix et l'Évangile nous apporte ici un premier témoignage : « Les soldats se sont réunis ; ils ont jeté au sort la tunique teinte du sang de son maître. » Cette tunique, c'est celle que la tradition des Juifs appelle : la tunique sans couture. Quiconque a vu l'Orient, connaît ce vêtement que toutes les femmes et toutes les mères ont coutume de tisser elles-mêmes pour leur mari et leurs enfants. Mais remarquez bien que nous sommes ici en présence du vêtement des riches : la légèreté de son tissu et la finesse de ses mailles l'indiquent suffisamment. Ceci, du reste, n'a rien qui doive vous étonner. Le Maître, en effet, était de la race royale et si parfois son humilité se plaisait à l'oublier, n'allez pas croire qu'à force d'être humble il ait abdiqué la dignité de son sang. Il n'a jamais imposé silence aux acclamations des foules qui le proclamaient fils de David : car c'était un hommage à la vérité, c'était un hommage aux prophéties, c'était un hommage à la volonté divine.

Je sais bien que chez nous l'orgueil du nom entraîne un certain luxe de vie ; mais en Orient on ne connaît pas cela. On peut être noble, appartenir à une race auguste et vivre en mendiant ; ceux qui portent le turban vert, insigne de la race du Prophète, tendent parfois la main le long du chemin, boiteux, paralytiques, sans songer à abdiquer la dignité de leur race et sans que cet état misérable diminue le respect qu'a le peuple pour le nom qu'ils portent. De même, Notre-Seigneur a porté fièrement ce caractère de dignité qui lui venait de ses ancêtres, car s'il a accepté les humiliations, n'oubliez pas qu'il a dit : « *Curam habe de bono nomine* — Ayez grand soin de votre réputation. » Car s'il savait qu'il n'est pas permis de désirer un siège au premier rang, qu'il n'est pas permis de faire sottement parade de la gloire de ses pères, il savait aussi qu'il n'est pas davantage permis d'oublier que noblesse oblige ; et il ne l'oublia pas, si bien que ce fut une tunique de riche que les soldats tirèrent au sort au pied de la Croix.

Alors commence ce qu'on peut appeler la période obscure de l'Histoire de la Sainte Tunique, période qui s'ouvre au Calvaire pour finir à Grégoire de Tours, car depuis cet historien, qui mourut en 593, jusqu'à notre époque, nous pouvons suivre la Sainte Robe dans toutes ses vicissitudes.

Dieu permet que toute chose se fasse à son heure. Aux deux extrémités de l'Europe, deux peuples, la France et la Russie, se donnent la main, et *les traditions qui enveloppent la Relique de la Sainte Tunique dans les églises au dôme doré de Russie viennent confirmer les traditions de l'église d'Argenteuil.* C'est des monastères de Moscou que nous tenons la tradition que je vais vous dire et dont vous apprécierez sans doute toute la valeur.

Le soldat, racontent les manuscrits moscovites, le soldat possesseur de la Robe du Christ, à la vue des merveilles du Calvaire, s'écria avec le centurion : Celui-là était vraiment le fils de Dieu ! Alors, cette relique qui lui était échue, et dont il se demandait ce qu'il pourrait bien faire, il la cacha sur son cœur, il la garda précieusement afin que nul n'y pût mettre la main ; *il y avait dans cette trame, en effet, la part de sang versé pour son âme,* il tenait donc entre ses mains le garant, le « *chirographum* » de son salut à opposer au décret de mort porté contre l'humanité. Avant de rendre le dernier soupir, il prit soin de léguer à sa sœur le témoignage de sa propre rédemption. Sa sœur, pieuse comme lui, cacha la relique à son tour, elle la mit à l'abri de toute profanation, avec cette jalousie des premiers chrétiens pour les choses saintes, avec cette pieuse prudence dont nous n'avons pas l'idée, car il est impossible, aux premiers siècles, de constater le déplacement des reliques. Il ne commencera qu'avec sainte Hélène et la modification de la piété.

La sœur du soldat conserva donc le trésor confié, mais comme il ne restait personne de sa race et qu'elle n'avait ni parent, ni ami auquel, après sa mort, elle pût laisser la Robe divinement ensanglantée, elle fit comme les païens, elle l'enferma dans *un coffre de marbre* et la déposa là où son corps devait dormir; car, vous le savez, il est assez ordinaire de trouver dans les tombeaux anciens une cassette qui contient ce que le défunt avait de plus précieux.

La sœur du soldat voulait ainsi que la relique demeurât près d'elle comme garantie de son salut personnel; il lui semblait que la mort ne pouvait rien prendre sur elle, tant que le sang du Maître demeurerait là sur son cœur, comme prêt à s'y infiltrer; il lui semblait impossible qu'après avoir dormi son sommeil près de l'auguste Relique, son corps ne se revêtit pas un jour du manteau de la gloire.

Attendez encore, et vous allez voir la lacune se combler.

Quand Grégoire de Tours enregistre dans ses annales l'invention de la Sainte Tunique, remarquez le détail qu'il donne : « Je ne saurais passer sous silence, écrit-il, « *silere nequeo* », ce que j'ai appris de quelques personnes, touchant cette Tunique de l'Agneau immaculé. Elle est, dit-on, conservée à Galatha, dans la basilique des saints Archanges. Galatha est située à environ 150 milles de Constantinople. Dans la basilique est une crypte très cachée où se trouve un coffre de bois qui renferme ce vêtement. Ce coffre est l'objet d'une vénération profonde de la part des pieux fidèles, et il en est digne, puisqu'il contient le vêtement qui a mérité de toucher et de voiler le corps du Sauveur. »

Mais Galatha n'est-elle pas l'antique Galathée ? N'est-ce pas dans cette même ville que la légion romaine qui présidait au Crucifiement fut envoyée quelque temps après la mort du Christ ? Est-il possible d'admettre que l'heureux soldat ne suivit pas ses frères d'armes dans cette nouvelle résidence d'où devait bientôt sortir la Légion fulminante ? Eh bien alors, si le légionnaire vint camper à Galatha, il est hors de doute que sa sœur l'y accompagna : c'est là qu'elle mourut, c'est là qu'elle fut ensevelie près de la Tunique sacrée. Or c'est précisément là que cinq siècles plus tard on retrouve et vénère l'auguste Relique !

Voyez-vous le rapprochement ? voyez-vous comme la chaîne se renoue, comme la lacune se comble ? Et remarquez-le bien, nous ne sommes pas dans le domaine de l'hypothèse, nous sommes au contraire en plein domaine historique.

Trois siècles après, plusieurs historiens s'inspirant de Grégoire de Tours et de son continuateur Frédégaire, racontent que la Sainte Robe, transférée d'abord de Galatha à Jaffa ou dans une autre ville plus proche de Jérusalem (ceci importe peu du reste) fit son entrée triomphale à Jérusalem vers la fin du vi° siècle.

Après un jeûne de trois jours, quatre évêques dont nous connaissons les trois plus illustres : Grégoire d'Antioche, Thomas de Jérusalem et Jean de Constantinople prirent sur leurs épaules le tombeau qui contenait la Sainte Tunique, et non pas la cassette de marbre (*arca marmorea*) dans laquelle elle avait été autrefois enfermée. La cassette en effet pouvait être légère à quatre hommes, tandis que ce fut *un prodige véritable*, constaté par la foule tout entière, qui permit aux évêques de porter à pied et sans fatigue le lourd tombeau jusqu'à Jérusalem. Ils marchent enthousiasmés, ils exultent, comme autrefois David transportant l'arche d'alliance, et c'est au milieu du ravissement universel, c'est au milieu des acclamations de la multitude que la Tunique sacrée entre à Jérusalem.

Mais voici qu'en 614, les Perses reviennent conduits par Chosroës; victorieux, ils mettent la main sur la Robe sans couture qu'ils emportent avec la Croix loin de la ville sainte.

Héraclius, empereur d'Orient, croit pourtant et

avec raison que Dieu aura le dernier mot. Vainqueur à son tour des fils de Chosroës, il reconquiert la Sainte Croix et la Sainte Tunique; mais il passe en ce moment dans la tête de l'empereur un nuage qui le préoccupe.

Autrefois on avait une singulière manière d'envisager les choses. La Croix, comme idée, dominait tout, mais, matériellement, la Sainte Tunique passait avant la Croix. C'est qu'en effet la Croix n'avait recueilli qu'accidentellement et comme d'aventure le corps de Jésus-Christ et quelques gouttes de son sang, tandis que la Sainte Tunique avait bu la sueur et le sang du Sauveur et avait emporté des lambeaux de sa chair. C'était ce qu'on pouvait trouver de plus précieux après la chair transfigurée de Notre-Seigneur. Il fallait donc la garder à tout prix. Héraclius n'avait qu'un moyen : la reporter à Constantinople. Mais il comptait sans les chrétiens de Jérusalem; leur piété ne se désintéressa pas aussi facilement que pouvait le penser d'abord Héraclius.

Si les empereurs byzantins, que nous nous représentons capricieux, agissaient quelquefois en despotes, il faut convenir qu'ils avaient bien des réclamations à satisfaire. Le peuple de Jérusalem réclama donc, et la Tunique revint de Constantinople à Jérusalem.

Mais à peu de temps de là, les Sarrazins s'avançaient, menaçant de tout anéantir. Héraclius jeta un dernier rayon de gloire; il comprit qu'il ne pourrait pas sauver la Ville sainte, et remporta le précieux vêtement à Constantinople, si bien que la Sainte Tunique alla s'abriter sous les coupoles dorées de Byzance, sous ce brillant soleil, et dans ce paysage merveilleux qu'éclaire le plus beau ciel qui soit au monde.

Deux siècles passent et la Sainte Tunique va se déplacer.

Un homme remplit la terre de son nom et de sa gloire. Charlemagne est empereur d'Occident, et il échange avec le Maître de l'Orient des paroles de paix et d'amitié. Entre les deux princes (comme faisant le bien), une femme, l'impératrice Irène, qui rêve d'unir sa famille à celle du puissant monarque. Pour gagner les faveurs de celui-ci, quels présents Irène lui donnera-t-elle ?... Charles dédaigne l'or étincelant sur les armures de ses feudataires ; ce n'est pas à lui qu'on peut offrir des pierres précieuses ou des joyaux : l'acier de Durandal et de Joyeuse lui suffit. Aussi écrit-il à ses ambassadeurs en Orient : « Il faut que vous recueilliez à mon profit, et que vous m'envoyiez les *peines* du Sauveur Jésus. » Et pendant que l'impératrice cherche un présent digne de celui qui doit le recevoir, voici qu'elle songe à la Sainte Tunique, et tout aussitôt elle s'empresse de l'envoyer à Charlemagne.

Et quelques jours après, sur les rives de la Seine, se passe une scène admirable de délicatesse et de grandeur, de tendresse et de magnificence.

Le père est vivant dans l'empereur. Cet homme de fer, que les Lombards voyaient approcher avec terreur, a des entrailles paternelles ; et des extrémités de la Saxe qu'il vient de dompter, et des sombres rochers où Roland expire, le cœur du père s'est tourné bien souvent vers le monastère d'Argenteuil qu'habite, avec sa sœur Gisèle, sa chère fille Théodrade.

Le voici donc qui traverse la Seine sur un esquif pavoisé aux couleurs impériales ; des évêques et des clercs l'accompagnent et soutiennent une châsse merveilleuse. Qu'apporte donc le grand monarque à son enfant bien-aimée ? Est-ce une couronne pour la blonde chevelure de Théodrade ? Est-ce un manteau brodé d'or et rehaussé de perles rares ? Non, c'est une tunique déchirée, ensanglantée, que les Religieuses d'Argenteuil reçoivent au milieu des Hosanna !...

Il est une heure de l'après-midi quand le tintement des cloches annonce que la Sainte Relique a touché la terre d'Argenteuil, et la tradition de cette sonnerie à cette heure précise ne s'est jamais perdue à travers les siècles.

Le reste est assez lumineux, et vous le connaissez aussi bien que moi. Vous savez comment les Normands, remontant la Seine sur leurs barques légères, vinrent assiéger le monastère, et comment aussi la Relique, cachée dans une muraille, échappa à leurs profanations. — Vous savez, n'est-ce pas, que l'esprit monastique s'étant gâté dans ce couvent jadis célèbre, l'abbé de Saint-Denis, d'accord avec l'archevêque de Paris, balaya, comme une sorte d'ordure, les religieuses qui l'habitaient. — Vous savez qu'un jour le « *fode parietem* » retentit aux oreilles d'un moine étonné, et que ce jour-là la relique, retrouvée avec ses authentiques, fut remise en vénération dans cette grande fête que présida Hugues, archevêque de Rouen. — Vous savez aussi comment la Robe sans couture traversa les siècles qui suivirent, escortée des hommages et de l'amour des peuples et des rois. Vous savez enfin que pendant la tourmente révolutionnaire, elle fut enfouie dans un obscur jardin, participant par là, et une fois de plus, aux abaissements de son divin Maître.

Je n'insisterai donc pas davantage, et j'achève cette première partie ; je ne sais si elle a eu le bonheur de vous plaire, mais la joie que j'ai ressentie à vous la dire m'est un sûr garant que nous sommes en présence d'une Relique sérieuse, digne de tous les respects et de toutes les vénérations.

Voyons donc maintenant, et en quelques mots, comment il convient de l'honorer.

II

Les souvenirs parmi les hommes sont précieux, et d'après les personnes qu'ils rappellent et dans la mesure où il les rappellent. Ceux que nous avons aimés semblent revivre dans ces souvenirs méprisés du reste des hommes. Une fleur qu'ils ont laissée tomber de leur main dans un jour de bonheur, le mouchoir sur lequel au dernier moment vous avez recueilli les sueurs de leur agonie, un fragment de leur vêtement, une image de leurs traits : ils revivent pour nous ! — Et il semble que si on veut toucher à ce souvenir, on touche non seulement à eux, mais à notre cœur : Maudit celui qui l'oserait !!

Il faut être bien court d'esprit ou bien pauvre de cœur pour railler le culte des reliques. Comment ! un homme viendrait rire de la vénération que nous avons pour un fragment d'étoffe ! Il n'a donc jamais eu de mère celui-là ! Il n'a donc jamais eu d'enfants ! ou il n'a donc jamais eu d'âme de mère, ni d'entrailles paternelles ! Le cimetière n'a donc rien pris de son cœur !! Il vit donc sans avoir aucun droit, sans remplir aucun devoir : il partira sans laisser aucun droit au souvenir.

Par conséquent, ne rougissez pas, chrétiens, d'honorer la Tunique sacrée du Sauveur, mais venez lui offrir le double tribut de votre reconnaissance et de votre amour. Elle mérite, en effet, l'un et l'autre.

Notre reconnaissance doit lui être acquise, car elle nous rappelle le Bienfaiteur par excellence, Celui qui a donné sa vie pour assurer notre rédemption ; et s'il est vrai que la beauté captive les cœurs, il n'est pas moins vrai que le dévouement les pénètre de la plus profonde gratitude : et si l'écrivain sacré pouvait dire en toute vérité à l'épouse mystique : « Ma bien-aimée, vous m'avez pris en un seul de vos cheveux, en un seul de vos regards. » A bien plus forte raison, avons-nous le droit de dire devant la Robe ensanglantée : O tunique sainte, la vie de Celui que tu voilas de ton tissu fût la rançon de mes péchés ; tu as participé en quelque sorte aux souffrances de mon bien-aimé Rédempteur, tu as droit, par conséquent, de participer à la reconnaissance que je dois avoir pour Lui.

Mais les souvenirs ne sont pas seulement précieux par l'être qu'ils rappellent, ils le sont encore par leur nature intime.

Or, la Sainte Tunique ne fut-elle pas l'ouvrage de Marie qui la tissa, les yeux baignés de pleurs sans doute, car elle songeait à la rédemption du monde dès la salutation de l'ange, et chacune de ses joies était mêlée d'une pensée de tristesse.

La Sainte Tunique ne fut-elle pas le vêtement intime de Jésus ? Elle a touché immédiatement et pendant trente-trois ans la chair sacrée du Fils de l'Homme ; elle s'est imbibée de ses sueurs quand il allait par les sentiers de Galilée et les chemins de la Judée chercher les brebis égarées, et répandre la divine lumière qui éclaire tout homme venant en ce monde ; elle a senti le sacré Cœur tressaillir d'émotion à la vue de Madeleine, puis, au tombeau de Lazare ; elle a soutenu quelques instants la jeune tête de saint Jean pendant la dernière cène ; elle a recueilli enfin le sang rédempteur du divin Flagellé. Elle porte donc en elle, et les émotions et les tressaillements, et les sueurs, et le sang de Notre-Seigneur Jésus-Christ !

Dites-moi, que lui faut-il encore pour mériter notre amour le plus ardent et le plus sincère ?

Est-ce que le Maître ne vous apparaît pas, en ce moment, tenant déployé dans ses divines mains son éloquent vêtement ?

Saint Bernard disait en parlant de Jésus crucifié : « *Quinque scissuras lamentabiles habet.* » Ne pouvons-nous pas en dire autant de la Sainte Tunique : ses déchirures ne sont-elles pas autant de bouches qui nous crient l'amour de Dieu pour les hommes condamnés et coupables.

Condamnés, nous l'étions tous, et chacun de nous peut se dire en toute vérité : Il y a là une goutte de sang que j'ai tirée moi-même des veines de mon Seigneur, il y a là un fil de laine que j'ai imbibé moi-même des sueurs de Jésus.

Coupables, nous le sommes encore. Tous les jours, en effet, nous recommençons la scène du Calvaire : les uns passent devant la Croix avec indifférence, les autres insultent le Sauveur, d'autre encore transpercent son Cœur sacré, d'autres enfin s'amusent avec ses dépouilles et se moquent de son Eglise, de sa grâce et de sa loi.

Dans cette scène attristante, inspirons-nous donc des sentiments de Marie, de Jean et de Madeleine : aimons pour ceux qui ne veulent pas aimer, et souvenons-nous pour ceux qui ne savent qu'oublier.

La Tradition nous dit que le soldat possesseur de la Sainte Tunique n'osa pas s'en revêtir. — Faisons mieux, mes Frères, revêtons-nous de la Robe sanglante du Sauveur : à son divin contact, notre chair se purifiera, notre esprit s'illuminera et notre cœur s'enflammera.

Revêtons cette Tunique auguste afin qu'elle nous soit un principe de repentir pour les péchés commis, et un principe d'ardeur pour le bien à faire.

Revêtons-là donc enfin, pour qu'elle nous communique la divine vertu qu'elle porte dans ses plis précieux et qui guérit les corps en sauvant les âmes.

Un salut très solennel, donné par Monseigneur, et pendant lequel la maîtrise d'Argenteuil a fait preuve d'un réel talent, a clos dignement cette première fête, pleine de consolations puissantes pour le présent et de vives espérances pour l'avenir.

CHAPITRE V

LES PÈLERINS

Quel est le nombre des pèlerins qui sont venus vénérer la Sainte Tunique ?

Après une enquête soigneusement faite nous pouvons certifier que *cinq cent mille* fidèles environ ont défilé devant l'insigne Relique pendant la durée totale de l'Ostension : soit une moyenne de 14,000 à 15,000 pèlerins par jour.

Ces chiffres pourront paraître exagérés à certains esprits, mais leur étonnement cessera sans doute quand ils sauront que *dans une seule journée*, le 14 mai, l'église d'Argenteuil a reçu *76,443 fidèles,* ainsi répartis : 42,313 pèlerins amenés par le chemin de fer de l'Ouest, 19,004 venus par la Grande-Ceinture, et 15,126 passés sur le pont payant de Colombes.

Mais ce qui surtout est profondément consolant, ce n'est pas tant l'affluence inespérée que la composition même des foules qui offrirent leurs hommages au précieux vêtement du Sauveur.

En effet, un cardinal, un archevêque, huit évêques, environ 1,900 prêtres et 247 communautés religieuses furent les représentants du clergé national et des congrégations françaises dans cette grande manifestation catholique. Il est vrai que son Eminence le cardinal-archevêque de Paris n'a pu présider, comme il le désirait, la cérémonie d'ouverture ; mais la lettre suivante qu'il écrivit « *propria manu* », le 5 juin, à Monsieur le Curé-Doyen d'Argenteuil prouve surabondamment qu'il était de cœur au milieu des pèlerins de la Sainte Tunique :

Paris, le 5 juin 1894.

« Cher et vénéré M. le Curé,

« Le bon Dieu m'a imposé un grand sacrifice en ne me permettant pas de prendre part à vos belles et pieuses fêtes d'Argenteuil. Quelle que soit ma bonne volonté, il m'est matériellement impossible de disposer de quelques heures, demain mercredi, à la veille de mon départ pour Rome. Je demande à la bonne Providence de me ménager dans le courant de l'année, la facilité d'aller faire un pèlerinage à Argenteuil.

« Croyez, cher et vénéré M. le doyen, à tous mes regrets ; veuillez me donner un souvenir dans vos prières en présence de la Sainte Tunique, et agréez l'assurance de mon affectueux dévouement en Notre-Seigneur. »

† Fr. Cardinal RICHARD,
Archevêque de Paris.

Quelques jours auparavant, M. le Chanoine Tessier avait reçu de Mgr Korum, une réponse fort aimable que nous sommes heureux de mettre sous les yeux de nos lecteurs :

Bisthum Triev.   Trèves, le 25 mai.

« Monsieur le Chanoine,

« La gracieuse invitation dont vous avez bien voulu m'honorer me touche profondément. Les circonstances ne me permettent pas, à mon vif regret, de venir vénérer votre insigne Relique et de profiter de votre hospitalité. Cette année-ci j'ai été retenu à Trèves plus que de coutume par le sacre de mon nouveau coadjuteur, et les tournées pastorales réclament tout mon temps. Je m'unirai en esprit à vos pieuses fêtes et souhaite de tout cœur qu'elles deviennent un puissant *Sursum corda,* qui ranime la foi au Christ et le dévouement à son église.

« Veuillez agréer, Monsieur le Chanoine, l'assurance de mes sentiments bien respectueux et dévoués en N.-S.

† M. Félix, *Ev. de Trèves.*

Mais d'où venaient les pieux fidèles qui se pressaient autour de la Sainte Tunique ?

Ils venaient du Nord et du Midi, de l'Orient

et de l'Occident. — Ils venaient de Paris, le grand moteur de tout ce qui se fait de bien, comme de tout ce qui fait de mal, dans notre pays. — Ils venaient de la banlieue parisienne qui dans cette circonstance a prouvé qu'elle valait mieux que sa réputation. — Ils venaient de tous les diocèses de France, soit en pèlerinages organisés, soit en groupes de quelques personnes remarquables par leur sincère ferveur.

Ils venaient des différentes nations européennes : de l'Espagne, de l'Italie, de la Belgique, de la Russie, de l'Angleterre, de l'Allemagne, de la Roumanie. — Quelques-uns vinrent même des Amériques, et parmi ceux-ci nous avons remarqué l'ex-président de la République du Vénézuela, M. Tell Villegas, dont la tendre et démonstrative piété a profondément ému les fidèles présents lors de sa visite.

Avec une émotion non moins vive nous avons vu prier durant deux heures devant la Sainte Tunique la plus infortunée peut-être des femmes de France, l'impératrice Eugénie. Qui peut imaginer les souvenirs et les consolations que la Robe *ensanglantée* de Jésus a suscités dans cette âme qui connut toutes les grandeurs et toutes les tristesses d'ici-bas.

Les familles royales à leur tour ont figuré dignement dans ces fêtes splendides : tandis en effet que Leurs Altesses le Comte et la Comtesse d'Eu, Monseigneur le Duc de Nemours et la Princesse Blanche d'Orléans priaient devant l'insigne Relique, là-bas, par delà la Manche, Monseigneur le Comte de Paris écrivait à Monsieur le Curé d'Argenteuil la touchante lettre que voici :

Stowe House Buckingham, 27 mai 1894.

« Monsieur le Curé-Doyen,

« Je tiens à vous remercier moi-même de l'envoi du beau volume dans lequel sont réunies les preuves si convaincantes de l'authenticité de la Sainte Tunique, constamment vénérée depuis des siècles à Argenteuil.

« Vous avez eu raison de croire que je m'associerais de loin aux sentiments qui amènent actuellement tant de pieux pèlerins au pied de l'autel qui possède cette incomparable relique. Je sais, comme vous le dites, que beaucoup d'entre eux, en priant le Divin Sauveur qui a laissé au milieu de nous ce témoin de sa Passion pour le relèvement de la France par son retour à son antique foi et à ses grandes traditions, songeront aux exilés qui restent toujours unis de cœur à leur Patrie.

« Mais je compte particulièrement sur vos prières, Monsieur le Doyen, qui avez l'insigne honneur d'être le gardien de la sainte Relique, et c'est dans cette pensée que je me dis

« Votre affectionné,

« PHILIPPE, comte de Paris. »

Enfin la Confrérie de la Sainte Tunique, enrichie de *nombreuses indulgences* par les

Souverains Pontifes Innocent X, Paul V, Grégoire XVI et Pie IX, et qui comptait déjà parmi ses associés : Donoso Cortès, Louis Veuillot, Mgr Di Rende, Mgr Bouret, de hautes personnalités ecclésiastiques, politiques et littéraires, a recueilli durant l'Ostension les noms suivants : Son Altesse Royale Mgr Louis Charles de Bourbon, — A. de Murat de Lestang, — Mlle de la Tour du Pin, — Mme et Mlles de Villers, — Baronne de Viviani, — Comte et Comtesse d'Orfeuille, — Comtesse de Buisseret, — Comte et Comtesse de Nicolay, — Baronne de Cholet, — Marguerite de Condé, — Comtesse Fernand de Montebello, — Vicomte et Vicomtesse de Montlaur, — Comtesse de Bruc, — Contard de Launay, — Henriette de Perceval, — Comte E. de Gabriac, — Baron Guillaume de Giey, — Julia de Bruges de Gerpinnes, — M. et Mme Henri de Sonis, — Emilia de la Salette, — Marquis et Marquise de Clairvaux, — Mlles de Beauchamps, — M. et Mme Vincent d'Indy, — Princesse de Lucinge, — Renée de Fénelon, — Marquis et Marquise L. de Place, — Familles Czacka et Gicquel des Touches... et plusieurs milliers d'autres noms, les uns célèbres par les gloires qu'ils rappellent, les autres moins connus de l'histoire, mais non moins illustres aux yeux de Dieu qui mesure la grandeur de l'homme non-seulement aux services rendus à la patrie, mais encore à la sincérité de la foi, et surtout à la bonté du cœur.

CHAPITRE VI

LES PÈLERINAGES

Le glorieux pontife Léon XIII se plaît à redire souvent que « les pèlerinages seront le salut de la France. » Aussi dans son amour très vif pour notre pays, dans son ardent désir de voir notre patrie délivrée de ses ennemis intérieurs et extérieurs, a-t-il favorisé de tout son pouvoir le pèlerinage de la Sainte Tunique.

Autrefois, une indulgence plénière était accordée aux fidèles qui, confessés et communiés, visitaient l'église d'Argenteuil *pendant la neuvaine de la Sainte Tunique*, c'est-à-dire, du lundi de la Pentecôte au lundi de la Trinité.

Or le 10 mai 1894, Monseigneur l'Evêque de Versailles recevait de Rome une lettre annonçant que le Souverain Pontife concédait cette indulgence pour *toute la durée de l'Ostension solennelle.*

Quel plus doux témoignage de sympathie Rome pouvait-elle donner à Argenteuil?

Quelle marque d'affection plus touchante l'illustre Pape pouvait-il accorder aux catholiques français ? — Aussi les catholiques français ont compris l'insigne faveur qui leur était faite, et c'est en masses pressées qu'ils sont venus devant la Sainte Tunique prier pour l'Eglise et pour la Patrie.

* * *

ARCHIPRÊTRÉ DE PONTOISE ET DOYENNÉ DE MONTMORENCY

Le 15 mai, l'Archiprêtré de Pontoise et le doyenné de Montmorency apportaient leurs hommages à la Relique vénérée, et ce fut une journée pleine d'ardentes supplications et de fécondes prières.

Pendant la Sainte Messe que célébra M. l'abbé Neveu, archiprêtre de Pontoise, M. l'abbé Lebaut, curé de Vigny, adressa aux pèlerins une courte, mais touchante allocution. Et le soir, avant le salut, M. l'abbé Jacquemot, curé-doyen de Boissy-Saint-Léger, prononça un magistral discours, dans lequel la pureté de la forme s'unissait à l'élévation de la pensée, et qui mit le comble à la ferveur et à l'enthousiasme des nombreux auditeurs.

M. l'abbé Jacquemot établit, dans son exorde, ce principe de gouvernement divin d'après lequel Dieu se plaît à se servir des *petites causes* pour en tirer de *grands effets*.

Ainsi, aujourd'hui le Seigneur déploie sous nos regards une humble relique, la pauvre Tunique de son Fils pour nous donner un TÉMOIGNAGE éclatant et une ferme ESPÉRANCE.

I. — *Un témoignage.* — La Tunique inconsutile est un témoin qui porte en lui-même les preuves intrinsèques de sa *valeur* ; sa forme, la matière dont elle est faite, la couleur dont elle fut teinte, la trame de son tissu nous indiquent clairement que nous avons devant les yeux un vêtement du premier siècle. Bien plus, elle est tissée avec une habileté incomparable, qui faisait dire au directeur des Gobelins quand il la vit : « Depuis quarante ans, les étoffes les plus précieuses et les plus antiques m'ont passé par les mains et en vérité je n'ai jamais vu d'ouvrage tissé d'une manière aussi fine et aussi délicate. » Or ceci ne doit pas nous étonner si nous songeons que la Vierge Marie était de la race de David et qu'elle fut élevée dans le Temple où son temps était partagé entre la prière et les travaux artistiques. Enfin les dimensions mêmes de la Sainte Robe prouvent qu'elle était évidemment une *tunique de dessous.*

Mais la Tunique inconsutile est un témoin non-seulement d'une grande valeur, mais encore d'une *haute signification.* Elle témoigne en effet de la réalité historique de Jésus-Christ et son témoignage attaque de front et réduit à néant les théories de l'école allemande, dont Strauss fut le chef et qui essaya de faire de Jésus-Christ un être impersonnel, un mythe en un mot.

La Sainte Tunique témoigne encore de la pauvreté du Sauveur, et enfin de sa flagellation par les taches de sang qui la couvrent.

II. — *Une espérance*. — M. l'abbé Jacquemot dans cette seconde partie fait preuve d'une profonde philosophie de l'histoire. Se plaçant à un point de vue absolument nouveau, il fait remarquer que les glorifications de la Tunique du Sauveur ont sans cesse coïncidé avec les époques les plus glorieuses de notre vie nationale.

Sous Charlemagne, la Sainte Robe fait son entrée triomphale en France, puis à Argenteuil — sous Charlemagne, la France courbe sous son sceptre les peuples et les rois.

Pendant le règne de Louis le Débonnaire, la Sainte Tunique est cachée. — C'est aussi à cette époque funeste que les Normands viennent dévaster et attrister le « tout beau royaume de France. »

En 1156, la précieuse relique est retrouvée; les grands de l'Eglise et de l'Etat viennent lui offrir leurs hommages dans une fête à jamais mémorable. — Et c'est alors que nous voyons commencer l'épanouissement des splendeurs des douzième et treizième siècles.

Mais voici qu'au XVIe siècle, la Tunique disparaît — et sa disparition est pour ainsi dire le signal des guerres fratricides de religion.

Au xviie siècle, la Robe sans couture rayonne d'un éclat nouveau : Louis XIII, Richelieu, le cardinal de Bérulle, Louis XIV viennent se prosterner devant elle. — Est-il besoin de redire ici la gloire de notre chère patrie durant ce siècle incomparable, non seulement dans notre histoire nationale, mais encore dans l'histoire universelle?

Au xviiie siècle on néglige le culte de la Sainte Tunique. — Aussi n'est-il pas vrai que jamais on n'eut moins de souci de la gloire nationale que sous le règne de Louis XV?

En 1790, ensevelissement de la Sainte Tunique. — Révolution française.

Résurrection de la Sainte Relique *déchirée* — réveil de la France *divisée*.

Aujourd'hui, *triomphe sans précédent* de la Tunique sacrée du Sauveur — « Demain,
« s'écrie l'abbé Jacquemot, n'avons-nous pas
« le droit d'espérer que nous assisterons au
« *triomphe absolu de notre chère Patrie* sur
« tous ses ennemis du dedans et du dehors?
« L'avenir garde un silence mystérieux, mais
« le passé a parlé ! il parle depuis dix siècles,
« et sa grande voix nous crie qu'avec la gloire
« de la Sainte Tunique nous allons voir
« briller d'un éclat nouveau la gloire de notre
« pays bien-aimé ! »

Et le brillant et puissant orateur termine par cette fortifiante pensée. Avec un enthousiasme délirant qui saisit et pénètre jusqu'aux moëlles le peuple qui l'écoute, il salue le jour béni où tous les Français ne feront plus « qu'un cœur et qu'une âme », où tous les fils de la même terre seront unis par la même Foi et le même Patriotisme, où la France entière sera « *tout d'une pièce* » comme la Tunique *sans couture* du Seigneur Jésus.

SAINT-SÉVERIN ET SAINT-MARCEL DE PARIS

Honneur aux paroisses Saint-Séverin et Saint-Marcel, qui, les premières du diocèse de Paris, sont venues le 16 mai, sous la direction de leurs vénérables pasteurs, manifester leur piété envers Notre-Seigneur Jésus-Christ et leur foi profonde en son vêtement sacré!

ARCHIPRÊTRÉS DE CORBEIL ET D'ÉTAMPES, DOYENNÉS DE BOISSY-SAINT-LÉGER ET D'ARGENTEUIL

Lorsque le cœur est content et la conscience tranquille, le soleil semble plus étincelant que de coutume, l'air plus doux et plus parfumé; tout paraît sourire autour de nous et les lèvres s'ouvrent facilement pour chanter le Seigneur qui donne les joies du cœur et la paix de l'âme.

C'est pourquoi, le 17 mai, tandis que la vapeur les emportait vers Argenteuil, les pèlerins de Corbeil, d'Etampes et de Boissy-Saint-Léger égrenaient à travers les plaines en fleurs de pieux « *Ave Maria* », et semaient dans la brume du matin des strophes harmonieuses, cueillies au gracieux cantique composé tout récemment en l'honneur de la Sainte Tunique par Monsieur l'Archiprêtre de Corbeil.

En entrant dans l'église de la Sainte Tunique, les nouveaux arrivés eurent quelque peine à se placer, car toutes les paroisses du canton d'Argenteuil avaient tenu à honneur d'envoyer auprès de l'insigne Relique des députations nombreuses et édifiantes.

Enfin ce fut au milieu du plus profond recueillement que M. l'abbé Jacquemot, curé-doyen de Boissy-Saint-Léger, commença la sainte messe, pendant laquelle le chœur si connu et si aimé des Corbeillois fit entendre les plus beaux morceaux de la *messe, dite des trois artistes.* Nous soupçonnons fort M. l'abbé Benoist de connaître très intimement l'un de ces savants compositeurs, mais, quoi qu'il en soit, nous adressons nos plus chaleureuses félicitations aux artistes de Corbeil.

La cérémonie du soir fut digne de celle du matin, mais elle emprunta un charme nouveau à la parole originale et touchante à la fois de M. l'archiprêtre de Corbeil : parole originale, car avant chaque partie du discours de l'orateur, l'immense foule traduisait ses sentiments par une strophe de cantique ; parole touchante, car M. l'abbé Benoist sut trouver, comme on va le voir du reste, des accents pleins d'émotion vraie et de sincère éloquence pour saluer en la Très Sainte Tunique les joies et les larmes de Marie, les gloires et les souffrances de Jésus.

Mes Frères,

Dieu veut sauver tous les hommes; il les conduit par des voies secrètes, mystérieuses, respectueuses de leur liberté, mais sûres, vers le ciel. Il ne cesse d'agir sur chacun d'eux avec cette douceur et cette force qui n'appartiennent qu'à Lui, et les intentions de son amour sont vraiment merveilleuses. N'est-ce pas la pensée qui frappe l'esprit, en entrant dans cette église d'Argenteuil, devenue le tabernacle de la Sainte Tunique ?

Il y a dix-neuf siècles, Dieu nous envoie son Fils ; le Sauveur ébranle les âmes, les convertit, les régénère. Puis, sachant de quelle pâte nous sommes pétris, jusqu'à quel point nous sommes oublieux, combien vite s'effacent nos impressions les plus vives, il laisse sur terre des preuves immortelles de son amour infini : sa parole dans l'Evangile, sa présence réelle dans l'Eucharistie, son image vivante dans les Saints, et les vestiges tangibles de son Humanité dans les reliques de la Passion.

Mais par quel mystérieux privilège nous réservait-il à nous, habitants du centre de la France, de posséder la plus sainte des Reliques après la croix du Calvaire ?... N'était-ce pas pour vivifier notre foi défaillante, pour donner une nouvelle impulsion à ce cœur de la France, en l'aidant à se rapprocher du Cœur de Jésus, et à continuer sa mission dans le monde ?

Oh ! je ne puis m'empêcher d'en nourrir l'espoir : un bien immense sortira de cette Ostension solennelle, et nous en remporterons d'abondantes bénédictions. Pèlerins des cantons de Corbeil et de Boissy, soyez félicités ; vous avez compris que quelque chose de grand s'accomplissait ici, et que vous deviez à cette manifestation religieuse le concours de votre présence et de votre piété.

I

Le peuple chante :

Chrétiens, chantons en cette fête
La Sainte Robe du Sauveur,
Celle que la Vierge avait faite
Pour son Fils, notre Rédempteur.
Elle a, dès sa première enfance,
Abrité le Verbe divin ;
Elle a senti, dans la souffrance,
Sous ses plis palpiter son sein !

En vérité, dans cette solennité, tout concourt à réjouir les cœurs ! Le premier nom que nous rencontrons en parlant de la sainte Robe est un nom béni entre tous, un nom chéri du ciel et de la terre, un nom que chacun se plaît à exalter dans ce mois, le nom de Marie !

La sainte Robe est *l'œuvre de Marie*, c'est un souvenir de notre Mère ! et dès lors, elle nous devient doublement précieuse. Ne sait-on pas le prix d'un souvenir pour l'enfant qui aime sa mère ? Le moindre objet ne lui est-il pas comme un trésor ? Il la fait vivre devant lui, son cœur retrouve la chère absente, et se rassasie des douceurs de ce rapprochement. Vous le verrez s'agenouiller devant cet objet, et rêver là à toutes les pensées délicieuses que réveille le nom d'une Mère.

Eh bien, mon Dieu ! ça a été votre volonté que nos âmes eussent une Mère toute puissante et toute bonne ; son amour est d'autant plus fort que c'est au pied de la Croix, dans la douleur, qu'elle nous enfanta ; du berceau à la tombe, cet amour maternel nous poursuit, nous défend, nous relève, nous guérit, nous sauve ; et sur cette terre de France, elle a tant fait qu'elle a vraiment conquis les cœurs, et qu'on voit les foules courir à ses sanctuaires.

Quelle joie donc de retrouver son souvenir près de la Sainte Tunique, et de pouvoir, au nom de Jésus, associer le nom de Marie ! Ainsi, ce vêtement sacré, elle le tissa elle-même, elle le tint de longues heures entre ses mains, son souffle a passé sur cette trame auguste ! Il y a là quelque chose d'elle !... J'aime à vous saluer, humble ouvrière, au début de cette méditation ; daignez bénir nos familles, nos paroisses et nos œuvres !

II

> Tandis que ses mains maternelles
> Tissaient la Robe avec ferveur,
> Les Anges couvraient de leurs ailes
> L'humble ouvrière en son labeur
> Mais que de fois dans le silence
> Elle laissa tomber des pleurs
> Sur cette trame où, par avance,
> Ses yeux voyaient tant de douleurs !

N'est-il pas vrai qu'en vous agenouillant devant la Sainte Tunique, aisément vous vous transportez en esprit à Nazareth, et que votre plus violent désir serait de pouvoir revivre vous-même la vie intime de la sainte Famille ?... *Quelles étaient les pensées de la Vierge mère, tandis qu'elle tissait cette Robe pour le divin Enfant ?...*

Ah ! les pensées d'une mère près d'un berceau, vous les connaissez bien... Ce sont des rêves dorés, sans ombre, sans nuage : son enfant sera heureux, il fournira une carrière brillante ; l'auréole du talent, de la fortune, de la gloire illuminera son front, et les rayons en rejailliront sur elle-même, pour la payer de ses peines. Alors le cœur de cette mère se gonfle, son aiguille s'arrête, et regardant longuement l'enfant endormi, elle sourit devant cette vision... A Nazareth, c'était la même ferveur au travail, c'était le même amour, étaient-ce les mêmes espérances ?

Dieu n'avait pas caché l'avenir à Marie. Depuis le *Fiat* de l'Annonciation, elle était devenue sa corédemptrice, elle savait tout. Si elle avait entrevu de loin les gloires de la résurrection, de plus près elle avait vu les redoutables épreuves de la Passion, et tout en travaillant, elle entendait encore les prophétiques paroles de Siméon : « Un glaive de douleur te transpercera le cœur », et l'Ecce homo, et le Calvaire, et la Croix lui apparaissaient.

Oh ! que de fois ses yeux durent se mouiller ! Que de larmes elle dut verser dont vous pourriez baiser la trace en baisant la sainte Relique !

Marie accepta l'épreuve, et la supporta avec vaillance. Qu'elle soit notre modèle ! Nous aussi, enfants nés pour le Ciel, nous avons de magnifiques espérances, mais devant la sainte Robe, devant les larmes de Marie, n'oublions pas qu'il faut les attendre et les mériter par la patience. Comme Marie, acceptons le travail, acceptons l'épreuve. Comme Marie, nous recevrons la récompense !

III

Un jour, sur la sainte montagne,
Jésus révèle sa splendeur.
Simon Pierre, qui l'accompagne,
Tombe en extase de bonheur.
Il voit la face glorieuse
Du Fils de Dieu, Verbe éternel,
Il voit la Robe lumineuse
Reflétant les rayons du Ciel !

Dans le peu d'années que nous passons sur terre, il y a plus de jours de peine que de jours de joie ; il fallait qu'il en fût ainsi dans la vie du Sauveur. Venant nous apprendre à vivre, il importait qu'Il fût placé dans le même cadre que nous, et qu'Il passât par les mêmes phases que nous. De là, les misères de sa naissance, les obscurités de sa jeunesse, les persécutions de sa vie publique, les tortures de sa mort.

Mais il importait aussi que les ombres ne fussent pas trop épaisses, et que parfois le ciel s'ouvrît pour les éclairer, pour manifester Dieu caché sous la forme humaine : de là, les coups de foudre de ses miracles, de là, les gloires du baptême et du Thabor.

Dieu voulut que *la Sainte Robe fût un vêtement de gloire* comme elle devait être un vêtement de douleurs. Au Thabor, elle rayonne éblouissante. « Ses vêtements, dit l'Evangile, parurent éclatants comme la neige, » et dans cette vision, cette glorification soudaine, il y eut un tel ravissement pour le cœur de l'apôtre, qu'il aurait voulu que ce fût déjà l'éternité, le temps qui ne passe pas, le bonheur qui dure et qui suffit.

Ah ! Sainte Robe du Thabor, ce n'est pas encore pour nous non plus le temps qui ne passe pas ; il ferait bon de planter ici sa tente, de rester près de vous longtemps, longtemps, et tout à l'heure il nous faudra partir !... Mais l'impression restera ; les souvenirs que vous réveillez sont à la fois si doux et si poignants, qu'ils s'impriment dans l'âme et ne s'effacent pas !...

Loin de vous nous entendrons encore la parole du Thabor : « Celui-ci est mon fils bien-aimé, écoutez-le ! » et toujours nous nous inclinerons devant Celui qui vous porta, par amour pour nous, dans la douleur comme dans la gloire.

IV

> Sur le dur chemin du Calvaire
> Jésus s'avance tout meurtri,
> Et dans la foule sanguinaire
> Pas un cœur qui soit attendri !
> Mais sous la Croix du sacrifice
> De sang la Robe va rougir,
> Attestant ainsi le supplice
> Qui torturait le doux Martyr.

Il est écrit dans l'Evangile qu'après les scènes de la flagellation et de la dérision, on remit au divin condamné ses vêtements, et qu'on le poussa portant sa croix sur le chemin du Calvaire. Imaginez ce que dut être le poids de cette croix sur les épaules de cet homme meurtri, épuisé !... Elle s'enfonça dans les chairs qui s'ouvrirent, et *la Robe fut inondée de sang*. Ce sang y est encore, il y est demeuré, non seulement pour devenir l'objet de nos adorations, mais pour nous donner la plus éloquente des leçons.

Quand Dieu voulut châtier les ennemis oppresseurs de son peuple, il ordonna aux Hébreux de marquer les portes du sang d'un agneau, et l'ange exterminateur en passant respecta le signe protecteur. Chaque goutte de sang du Véritable Agneau de Dieu vaut plus qu'un monde, et suffisait pour nous sauver tous ; cependant Jésus a voulu le répandre à flot : sa Robe en est teinte. Le Prophète voyait cela, lorsque s'adressant au Sauveur, il lui disait : Pourquoi ta Robe est-elle rouge comme la pourpre, comme la robe de celui qui foule le raisin dans le pressoir ? — Et le Sauveur répondait : C'est parce que j'étais seul à fouler le pressoir !...

Oh ! devant cette Tunique ensanglantée, qu'elle est poignante cette parole de reproche! Mais non, Seigneur vous n'êtes plus seul ! A votre sang précieux, nous voulons mêler notre sang ! Nous vous donnerons le sang de nos cœurs, nos larmes pour pleurer nos fautes et laver nos âmes ; le sang de nos veines aussi car notre vie est à vous, c'est pour vous aimer, vous obéir que nous voulons travailler ici-bas, souffrir et mourir !

V

Lorsque, malgré cette détresse,
Jésus enfin touche au sommet,
A son supplice leur ivresse
Ajoute encore un nouveau trait.
Arrachant d'une main cruelle
La sainte Robe, en blasphémant,
On arrache en même temps qu'elle
Les lambeaux de son corps sanglant.

La Sainte Tunique ne nous rappelle pas seulement la généreuse charité du Sauveur, elle nous rappelle aussi, hélas ! *la cruauté des hommes*.

Les martyrs, livrés aux bêtes féroces, souffraient moins que Jésus livré aux bourreaux; parfois les bêtes féroces s'apprivoisaient subitement et, en rampant jusqu'aux pieds des martyrs, venaient les caresser. Les bourreaux de Jésus ne sont jamais satisfaits : il a été flagellé, son corps n'est qu'une plaie de la plante des pieds au sommet de la tête, le Prophète l'a vu semblable à un ver de terre écrasé sous les pieds, n'importe ! Les hommes ont soif de sang ! Que vont-ils inventer encore pour ajouter à son supplice ?... Ils se recueillent, ils s'interrogent, et tout à coup, saisissant la Robe collée à ses chairs ouvertes et meurtries, ils la lui arrachent brutalement, rouvrant toutes les plaies, renouvelant toutes les angoisses à la fois.

Et quand on pense que Jésus se taisait ! Et quand on pense que malgré le silence plus divin que tout le reste, ces bourreaux trouvent des imitateurs qui savent les dépasser ! Oh ! ce cœur de l'homme déchu ! source de toutes les grandeurs et de toutes les bassesses, de tous les héroïsmes et de toutes les lâchetés, de toutes les tendresses et de toutes les cruautés. Ne semble-t-il pas qu'après avoir vu Jésus monter au Calvaire, si doux, si patient, si muet, malgré l'horreur du supplice, le monde entier devrait se jeter à genoux et adorer cette mansuétude divine !... Et à côté des intelligents et des sincères qui s'agenouillent et qui adorent, combien d'autres qui le flagellent et le martyrisent par l'infamie des désordres de leur vie !... Ils sont nos frères pourtant, ceux-là, plaignons-les et prions pour eux ! Ne quittons pas la Sainte Tunique sans avoir redit la prière sublime de Jésus mourant : « Mon Dieu, pardonnez-leur, ils ne savent ce qu'ils font. »

VI

Ils ont dépouillé la Victime ;
Du manteau chacun prend sa part,
Et, complices du même crime,

Ils le déchirent au hasard.
Mais pour la Robe sans couture,
Ils la jouent d'un commun accord;
Ainsi qu'avait dit l'Ecriture :
Ils ont tiré ma Robe au sort.

Malgré leur cruauté, les hommes ne sont souvent que les instruments inconscients de la volonté divine ; misérables jouets de leurs passions, Dieu les fait servir quand même à son œuvre, et c'est ainsi que *du mal même Dieu tire le bien.*

Tous ces hommes de la Passion qui font défiler devant nous la honteuse procession des sept péchés capitaux, les Judas, les Caïphe, les Hérode, les Pilate et les autres, ne se doutent pas qu'ils accomplissent les prophéties et qu'ils sont les preuves vivantes de la venue du Messie et de la divinité du Christ. Mais quel triste sort que celui des ennemis de Dieu, puisqu'ils sont à la fois et les esclaves de leurs passions qu'ils servent et les esclaves de Dieu qui se sert d'eux !

Le prophète David assistait à la scène suprême du Calvaire : à travers les siècles, il avait vu la tourbe des bourreaux s'apprêtant à dépouiller Celui qu'ils vont mettre en croix, et il faisait dire au Christ : « ils se sont partagé mes vêtements, et ils ont tiré ma Robe au sort. » Et voilà qu'en effet ils coupent le manteau en quatre morceaux qu'ils se partagent. Mais quand ils s'aperçoivent que la Robe a une valeur, en tant qu'elle est d'un seul tissu et sans couture, pour ne pas la déprécier, ils se décident à la tirer au sort : ainsi s'accomplissait la prophétie de David.

Mais si nous pensons que Dieu de qui tout dépend, qui mène tout et prévoit tout parce que l'avenir est pour Lui comme le présent, conduisait les hommes non seulement pour que les prophéties fussent accomplies, mais aussi pour qu'un jour dans cette église, nous, les enfants de ce siècle, nous pussions nous agenouiller devant elle, et constater à notre tour qu'elle est bien sans couture et d'un seul tissu, ah !

l'hymne d'actions de grâces ne doit-il pas jaillir de nos cœurs !... Oh ! oui, mille et mille actions de grâces à Dieu qui nous a réservé une telle relique.

VII

> Image de la Sainte Eglise,
> En sa parfaite intégrité,
> La sainte Robe symbolise
> Son indestructible unité.
> Puisse-t-elle en notre patrie
> Unir tous les cœurs sous sa loi,
> Et dans une heureuse harmonie
> Nous garder l'amour et la foi !

Un docteur a dit cette parole très juste que « l'ancienne loi est toute pleine du Christ ; » et c'est vrai, d'abord à cause de ce qu'annonçaient les prophètes, puis à cause des personnages, des choses, des évènements, qui tous figuraient le Christ, la Vierge, les Apôtres, l'Eglise. Les Pères ont enseigné aussi que les destinées de l'Eglise étaient préfigurées par la passion, la mort, la résurrection de son divin Fondateur ; ainsi dans leur pensée, *la Tunique sans couture figure l'Unité de l'Eglise.* De même que les bourreaux avaient eu l'idée de la partager, mais que Dieu intervenant avait modifié leur idée première, les obligeant ainsi à la laisser intacte, de même les Arius, les Nestorius, les Luther, les Voltaire ont essayé de briser l'Unité de l'Eglise afin de l'anéantir plus vite et plus sûrement, mais Dieu intervenant les a brisés eux-mêmes, et l'Eglise est restée une dans sa foi, et après 1900 ans, nous chantons encore le *Credo* des Apôtres.

Nous n'avons donc rien à redouter pour notre Eglise bien-aimée ; elle est immortelle, elle surnage à toutes les tempêtes ; cependant nous prierons pour elle, afin que les flots autour de la barque ne submergent pas trop d'âmes. Mais l'Eglise de Jésus-Christ a une fille aînée, et nous ne séparons jamais la Mère de la fille, nous ne séparons pas l'Eglise de la France, nous les aimons toutes deux d'un même amour, sachant que leurs destinées sont liées, et que leurs gloires et leurs épreuves se confondent.

Eh bien, mes Frères, haut les cœurs, je vous prie ! Avant de quitter Argenteuil, tout à l'heure, au moment de la bénédiction de cette Tunique du Sauveur, comme autrefois les foules en face de cette Personne adorable, n'ayons tous qu'une prière, qu'un cri : Fils de David, ayez pitié de nous ! Protégez l'Eglise, Protégez la France !!!

Tout en écoutant M. l'abbé Benoist célébrer les triomphes de l'Eglise du Christ, nous pensions aux deux seuls journaux (*La Lanterne* et *l'Intransigeant* pour ne pas les nommer) qui aient osé jeter leur bave sur la Relique sacrée que la France entière est venue vénérer, et nous songions aux fortes paroles qu'il nous fut donné d'entendre un jour sous les voûtes de Notre-Dame de Paris : « J'ai marché depuis 18 siècles sur les tombes déshonorées de tous mes ennemis, disait l'Eglise par la bouche éloquente du R. P. Monsabré, et j'ai ramassé sur mon chemin les dents brisées qui déchiraient mes vêtements sans jamais entamer mon immortelle vie ! Brisées, les dents subtiles de l'hérésie et de la fausse science !... Brisées les dents sordides de l'immoralité corruptrice !... Brisées les dents ensanglantées des persécuteurs !... Brisées les dents voraces des usurpateurs de mes droits !... »

« Molosses enragés de la révolution et de la libre-pensée, chiens hargneux et lascifs de la critique et de la pornographie, mordez !

mordez ! Vous déchirerez la robe de l'Eglise, vous ensanglanterez ses membres, mais vous n'aurez point à vous repaître de cet inexterminable cœur où le Christ a concentré toute la vertu de sa résurrection !... Aboyez, aboyez à la curée sacrilège que convoitent vos passions ; vos aboiements aujourd'hui formidables ne seront plus dans quelques années que le bruit ridicule d'une bouche édentée. — Dieu aura brisé les dents des pécheurs : *Dentes peccatorum contrivisti !* »

* * *

TIERS-ORDRE DE SAINT-FRANÇOIS, ASSOCIÉS DU ROSAIRE, PÈLERINS ZÉLATEURS DE PARIS, CONFÉRENCES DE SAINT-VINCENT DE PAUL DU DIOCÈSE DE VERSAILLES.

Le spectacle que nous eûmes sous les yeux le dimanche 20 mai, est un de ceux qu'on n'oublie jamais : c'était pour ainsi dire le pèlerinage de la France *pénitente* à la pauvre Robe du Rédempteur, mais ce fut aussi la *victoire de la foi sur le respect humain.*

Dès le matin et jusqu'à midi, tandis que les saints sacrifices de la messe se succédaient sur l'autel, les milliers d'hommes qui remplissaient l'église ne cessèrent de faire monter vers Dieu des prières suppliantes et des cantiques enflammés d'amour.

Tertiaires Franciscains, associés du Rosaire et Pèlerins zélateurs rivalisaient de ferveur avec les *deux cents jeunes gens* des cercles et patronages versaillais et surtout avec les confrères de Saint-Vincent de Paul du diocèse de Versailles.

Ceux-ci en effet avaient choisi Argenteuil pour théâtre de leur *réunion plénière annuelle* et les deux séances qu'ils tinrent entre messe et vêpres furent remplies d'intéressantes communications et de résolutions pratiques.

A midi, les travaux furent interrompus et de fraternelles agapes réunirent les confrères dans la salle des fêtes du patronage paroissial. Les toasts, qui nécessairement doivent terminer tout banquet digne de ce nom, furent portés au Souverain Pontife, à Mgr l'Evêque de Versailles et à Monsieur le Doyen d'Argenteuil par le représentant du Conseil central diocésain. Puis dans une courte improvisation pleine de chaleur, le zélé président du Patronage a remercié les pèlerins du témoignage d'union et de sympathie qu'ils venaient de donner aux Œuvres d'Argenteuil.

Le sermon que prononça après les vêpres le R. P. Chapotin, des Frères Prêcheurs, traduisait bien les sentiments des pieux fidèles. Après avoir montré en effet Jésus-Christ comme un *grand lutteur,* puis comme un *triomphateur incomparable,* il conclut que le chrétien doit lui aussi passer par le feu des batailles intimes et publiques pour parvenir à la gloire.

Puis une magnifique procession se déroule, bannières déployées, à travers la foule. Après les ferventes tertiaires de Saint-François qui s'avancent voilées de noir et la grande croix de bois sur la poitrine, viennent 800 hommes portant d'immenses palmes qui se balancent gracieusement. En se plaçant au simple point de vue artistique, il y a, dans ce spectacle, quelque chose de palestinien qui charme les yeux; mais si l'on songe que ces palmes symbolisent la souple obéissance à Dieu de ceux qui les portent avec fierté devant les hommes, si l'on songe qu'elles murmurent par leurs molles ondulations la victoire du Christ-Roi sur l'Esprit du mal qui menaçait de déchristianiser la France, alors le spectacle change de caractère : il devient grandiose, il émeut jusqu'aux larmes, il jette enfin dans les âmes de douces consolations, et dans les cœurs de fortes espérances.

* * *

COMITÉ CATHOLIQUE DE PARIS, ARCHIDIOCÈSE DE ROUEN, DOYENNÉS DE MEULAN, DE BEAUMONT-SUR-OISE ET DE PALAISEAU, GARGES, LE CHESNAY SAINT-DENIS-LA-CHAPELLE.

Sa Grandeur Monseigneur l'Evêque de Rosea a officié pontificalement le lundi 21 mai.

Les pèlerinages de ce jour n'ont rien à envier comme nombre ni comme ferveur à ceux qui les ont précédés ; et la parole de M. l'abbé Jacquemot a réveillé dans les cœurs des pieux fidèles les mêmes enthousiasmes qu'elle fit naître dans les âmes des pèlerins de Pontoise et de Montmorency.

Le discours de l'Historien de la Sainte Tunique est de ceux qu'on craint d'effleurer, car en les *effleurant* on court grand risque de les *déflorer*. Aussi nous bornons-nous à une courte analyse :

Tout le sujet est renfermé dans cette question : POURQUOI DIEU PERMET-IL A NOTRE ÉPOQUE L'OSTENSION SOLENNELLE DE LA SAINTE TUNIQUE?

Nous sommes placés à un moment de l'Histoire, remarque fort justement l'orateur, où nous héritons de toutes les fautes de nos pères. Aussi vivons-nous dans l'éparpillement de toutes nos forces morales : éparpillement des *volontés*, éparpillement des *idées*, éparpillement des *amours*.

C'est pourquoi le Seigneur Dieu veut que cet état social disparaisse, pour faire place à des sentiments plus en harmonie avec ses miséricordieux desseins à notre endroit ; c'est pourquoi le Seigneur Dieu a fait surgir de l'ombre quatre noms tout rayonnants de gloire et d'espérance : Lourdes, — Orléans, —. Montmartre, — Argenteuil.

Par les miracles de Lourdes, Jésus raffermit notre *foi*.

Par les gloires de Jehanne, Jésus fortifie nos *volontés* et nos confiances en l'avenir.

A Montmartre, Jésus nous dit qu'il nous a *chéris* jusqu'à la mort.

Enfin à Argenteuil, afin de nous attacher davantage à Lui, Jésus nous donne la *preuve matérielle* de son immense amour pour nous. « Ici, s'écrie M. l'abbé Jacquemot, le Maître
« adoré fait l'ostension, non pas seulement de
« son vêtement sacré, il fait l'ostension solen-
» nelle de sa tendresse pour nous... Faisons
« donc, nous aussi, dans notre vie publique
« comme dans notre vie privée, l'ostension
« solennelle de notre profond et sincère amour
« pour Lui. »

Enfin cette belle parole et cette belle fête furent les dignes préludes de l'imposante solennité à laquelle nous assistâmes, et de la grande parole qui retentit le lendemain.

*
* *

CATHÉDRALE DE VERSAILLES, ARCHIDIOCÈSE DE REIMS, DIOCÈSE D'AUTUN, NOTRE-DAME D'AUTEUIL.

La neuvaine, commencée le lundi de la Pentecôte, se terminait le 22 mai ; et à cause de cela même, la fête de cette journée surpassa en éclat les solennités si belles pourtant des jours précédents.

Vers dix heures, une foule considérable, dont les pèlerins de Reims, d'Autun et d'Auteuil formaient le plus fort contingent, se joignait au 700 paroissiens de la cathédrale de Versailles venus à la suite de Monsieur l'Archiprêtre vénérer l'incomparable trésor du diocèse.

« Le Chapitre, lisions-nous dans la *Semaine Religieuse* du 27 mai, avait sollicité de Sa Grandeur l'autorisation de se transporter en corps à Argenteuil et de chanter l'office canonial dans l'église, devenue cathédrale pour un jour. C'est donc entouré de tous ses chanoines que Monseigneur l'Evêque de Versailles vient recevoir à l'entrée de l'église les Evêques présents : Son Eminence le Cardinal Langénieux, archevêque de Reims, Monseigneur Ardin, archevêque de Sens, Monseigneur Duval, évêque de Soissons, Monseigneur Géraïgiry, évêque de Panéas. Tous les prélats, après avoir reçu l'eau bénite et l'encens, traversent la nef et s'avancent vers l'autel, précédés chacun d'un clerc portant la crosse; le Cardinal vient le dernier, suivi de quatre porte-insignes.

« Des fauteuils ont été disposés au milieu du chœur pour Nosseigneurs les Evêques, dont chacun est assisté de deux chanoines. Son Eminence le Cardinal Langénieux prend place au trône, du côté de l'Evangile, assisté de son secrétaire et de M. l'abbé Chaudé, premier vicaire général de Versailles. Un autre trône a été dressé du côté de l'épître pour l'évêque officiant. C'est Monseigneur l'évêque de Soissons qui chante la grand'messe pontificale; M. le chanoine Gallet, remplit les fonctions de diacre, Monsieur le chanoine Lempérier celles de sous-diacre. Nous n'avons plus à louer, car il faudrait y revenir dans le récit de chaque journée, la parfaite exécution des chants : elle fait admirablement ressortir la majestueuse ampleur de l'office pontifical.

« Après la messe, le Cardinal s'avance et, suivi des autres évêques, se dirige vers la Sainte Tunique : tous ensemble agenouillés, ils prolongent leur prière fervente et recueillie devant le vêtement du Sauveur, pendant que les fidèles, saisis par ce silence même, s'unissent avec une émotion profonde à l'expression de leur foi et de leur piété. Puis les prélats baisent avec vénération le fragment de la Tunique Sainte que leur présente un prêtre et quittent processionnellement l'église. »

A deux heures et demie, Son Eminence le Cardinal Langénieux, dont le zèle est véritablement infatigable, préside les vêpres pendant lesquelles Monseigneur l'Evêque de Soissons officie pontificalement.

De nombreux pèlerins étrangers, venus de Belgique, d'Angleterre, d'Allemagne, de Roumanie se mêlent à la foule des catholiques français dont ils partagent la foi; Monseigneur Stonor, évêque de Trébizonde, assiste également à la cérémonie ; si bien que c'est devant un auditoire magnifique que le Révérend Père Gardet, des Frères-Prêcheurs, monte en chaire.

Avec la grande distinction de sa parole et la chaude élévation de sa pensée, l'éloquent

Dominicain trace dans une vaste synthèse l'histoire des bienfaits divins à l'égard de notre Patrie. Qu'est-ce que le Christ a fait pour la France? — Qu'est-ce que la France doit faire pour le Christ : tel est le double sujet du magnifique discours que voici :

Éminence (1),
Messeigneurs (2),
Mes Frères,

Voulez-vous me permettre, en face de cette immense assemblée, en face du beau spectacle de foi, de piété et d'amour que vous présentez en ce moment, voulez-vous me permettre de franchir par la pensée les portes de ce temple magnifique.

Au-delà de ces portes, au-delà de ce diocèse qui a l'honneur de faire l'ostension de la Tunique sacrée du Sauveur, ce que je vois : c'est la France, c'est la France entière, la France entourant de son amour le Seigneur Jésus, la France enfin venant déposer aux pieds du Christ-Rédempteur ses profonds hommages et ses ardentes prières.

Aussi bien, vous êtes la France ; et les cent cinquante mille pèlerins qui sont déjà venus s'agenouiller et prier dans cette église ont bien le droit de se dire une *vraie députation française*, et ce titre ils le méritent certes mieux que ceux qui sont chargés de fabriquer nos lois.

Vous êtes la France, c'est-à-dire vous êtes la suite, le complément d'une immense, d'une vaste et d'une merveilleuse procession que j'aperçois à travers les âges se déroulant ici depuis les origines de notre his-

---

(1) S. E. le Cardinal Langénieux.
(2) Messeigneurs Goux, évêque de Versailles ; Ardin, archevêque de Sens ; Duval, évêque de Soissons ; Géraïgiry, évêque de Panéas ; Stonor, évêque de Trébizonde.

toire. Vous êtes la France car vous faites aujourd'hui ce qu'ont fait Charlemagne, Louis VII, Louis XIII, Suger, Richelieu, les grands hommes de notre histoire, les grands évêques de notre pays et les meilleurs de nos ancêtres !

Vous n'êtes ni Argenteuil, ni Versailles, vous êtes la France aux pieds de Jésus. Ce que vous entourez ici, ce n'est point ce vêtement sacré, la plus belle des reliques ; ce que vous entourez, c'est celui-là même qui se revêtit autrefois de ce vêtement, qui dans les plis de ce vêtement a laissé couler les flots de son sang, qui revêtu de ce vêtement s'avançait dans le peuple, semant les miracles et les bienfaits, montant la voie du Calvaire et le chemin de la Croix, pour expier et pour mourir pour nous. C'est lui qui est présent ici ; il est là, reconnu et salué par vos cœurs.

Cette fête est donc une rencontre de la France et du Christ : DU CHRIST QUI VIENT EN CE MOMENT PROCLAMER A HAUTE VOIX SES INEFFABLES PRÉDILECTIONS POUR NOTRE PAYS ; — DE LA FRANCE QUI TIENT A FAIRE AUJOURD'HUI AU SEIGNEUR JÉSUS, LA SOLENNELLE PROTESTATION DE SON ARDENT AMOUR ET DE SON INALTÉRABLE FIDÉLITÉ.

EMINENCE,

Il y a quelques instants, j'entendais l'orateur le plus autorisé de ce diocèse, car il en est le chef, et il disait : « *que vous êtes l'Evêque Français par excellence.* » N'est-il pas vrai, en effet, que vous réunissez, dans votre personne, cette courtoisie, ce charme, cette puissance de séduction à laquelle nul n'échappe, pas même ceux qui voudraient s'y soustraire ? N'est-il pas vrai que votre âme est pleine d'une ardeur toujours jeune, et par cela même éminemment française ?...

Et si je pouvais redire à cet auditoire avec quelle passion vous parliez tout à l'heure des intérêts français, si je pouvais lui faire entendre l'écho des indignations que vous trouviez dans votre cœur pour flétrir ceux qui sèment la discorde dans notre pays, tous s'écrieraient bien avec moi que vous êtes l'Evêque français par excellence.

Or, puisque nous allons parler dans cette réunion vraiment nationale des intérêts spirituels et même temporels de la France, je pense, Eminence, que vos bénédictions descendront plus abondantes que jamais sur ce sujet qui vous est si cher.

I

Il est là celui que nos cœurs adorent ; Il est là, celui à qui nous avons donné toute la destinée de notre vie ; Il en est le maître : à Lui de la conduire vers le ciel, vers la céleste béatitude.

Il est représenté par ce vêtement sacré, authentique, car les preuves qui démontrent l'authenticité sont absolument convaincantes ; elles ont été exposées par un historien inattaquable, tellement il a mis dans son ouvrage de force probante. Elles vous ont été données par la science historique, par la chimie, qui nous ont révélé qu'il y avait là un tissu des temps antiques, un tissu d'Orient, un tissu tout plein encore de sang humain ; la science historique a parlé, la chimie a parlé, la parole est à la foi !

Il est là le Christ Jésus, il est là pour nous redire qu'Il a pour la France de singulières et étranges prédilections.

Oh ! c'est sans illusion aucune, c'est sans vaine forfanterie que nous pouvons regarder en face ce sujet. Il suffit en effet de parcourir les pages de notre histoire, pour se faire sur ce point une conviction profonde, une conviction parfaite. Oui, il est vrai, il est bien vrai, il est parfaitement vrai que le Christ Jésus a jeté sur notre patrie française, un regard plus tendre que sur les autres nations. N'est-ce pas à elle qu'Il a donné la plus insigne de ses reliques ? N'est-ce pas à elle qu'Il a confié ses amis les plus chers et les plus aimés : Lazare, Madeleine, Marthe ?....... La France ! ne semble-t-il pas que Jésus l'ait choisie pour en faire sa Béthanie ?... Oui ! Jérusalem est à Rome, mais Béthanie est en France !

Et si nous parcourons notre histoire, nous voyons, comme on l'a dit bien souvent, que la *France est née d'un acte de foi sur un champ de bataille*. Dans quelques jours, en effet, on se réunira à Reims pour fêter le baptême de la France, pour fêter le centenaire du baptême de ce héros qui, devenant le premier de nos rois chrétiens, devint du même coup le défenseur du Seigneur Jésus.

En cette bataille merveilleuse où, pour la première fois, nous renvoyions au-delà de la frontière les envahisseurs qui menaçaient de nous écraser, c'est Clovis que Jésus avait choisi pour être son chevalier, pour être l'instrument de sa miséricorde. Aussi l'entendez-vous lorsque l'évêque de Reims, le grand Rémi, lui conte la passion du Christ : « Oh ! s'écrie-t-il, si j'avais été là avec mes Francs ! » Et le royal baptisé n'arrête ses conquêtes que le jour où dans la France naissante, Jésus est connu, aimé et adoré.

Trois siècles plus tard, le Vicaire de Jésus-Christ sur la terre avait besoin de la puissance d'un souverain pour obtenir un territoire qui assurât son indépendance. Or, ce territoire, un prince français va le lui donner, et les bénédictions du Christ vont descendre sur le règne de ce grand homme, de Charlemagne, à qui Argenteuil doit sa précieuse relique.

Mais Charlemagne passe, et la France continue sa mission divine. Au douzième siècle, le Christ appelle les Francs, ses soldats, pour défendre l'église menacée par l'Islam. Et ils s'en vont les preux, ils s'en vont les chevaliers bardés de fer, à la conquête du Sépulcre sacré et de la terre bénie de Jérusalem. Ils bataillent, ils supportent avec foi, la faim, la soif, toutes les fatigues d'une expédition difficile et lointaine, et s'ils ne triomphent pas complètement, ils montrent du moins au monde étonné que l'église a des fils prêts à verser leur sang pour elle.

Aussitôt, le Christ, qui ne se laisse jamais vaincre en générosité, répond au dévouement de la France en couvrant d'honneur notre sol français : c'est Saint-Louis, c'est le XIIIe siècle avec son épanouissement de gloire artistique et littéraire, avec ses cathédrales magnifiques, avec la Somme théologique de Saint-Thomas, avec toutes ses merveilles de foi, de science, d'architecture et de bien-être qui font de ce siècle un siècle incomparable.

Hélas ! la France ainsi dotée par le Sauveur Jésus ne fut pas toujours fidèle ; un siècle se passe et notre nation, chargée des bienfaits divins, se révolte contre le vicaire de Jésus-Christ, et le soufflet de Nogaret retentit sinistre dans l'histoire !... Mais voici le châtiment de Dieu : au soufflet de Nogaret répondent bientôt les soufflets de Crécy et d'Azincourt, et ce fut une époque douloureuse pour notre patrie qui fléchit un instant sous la domination de l'Anglais.

Et lorsque le Christ eût vu sa cause assez vengée, quand il jugea, dans sa sagesse, que l'expiation était suffisante, il fit pour nous ce qu'il n'avait fait pour aucun autre peuple ici-bas. Il choisit une enfant inconnue, une pauvre bergère, il lui mit au cœur un patriotisme brûlant, dans les mains une épée flamboyante, et il en fit cette guerrière, cette héroïne que notre France du XIXe siècle commence à environner d'une auréole touchante. Et nous avons eu Jeanne d'Arc, présent du Christ miséricordieux à la France humiliée.

Jésus, en effet, a pardonné, et Jésus a rendu à notre patrie sa grandeur et sa gloire.

Et voilà qu'au milieu de cette grande tempête qui souffle sur le catholicisme, voilà qu'au milieu du protestantisme qui sème le désordre et l'erreur dans l'Europe presque entière, la France reste fidèle et maintient intact son dévouement au Vicaire du Christ.

Aussi la récompense ne se fait-elle plus attendre. La récompense, c'est ce grand xviie siècle avec ses magnifiques gloires et ses superbes grandeurs. La France, alors, domine tous les peuples qui attendent, pour agir, un mot de sa bouche ou bien un signe de son sceptre.

Mais voici que l'infidélité revient : le Gallicanisme et le Jansénisme envahissent le Parlement et jusqu'au cœur même de nos rois. Quel sera le châtiment ? Ce sera cette terrible Révolution qui bouleversa l'ancien régime et qui faucha, avec les têtes des grands, les institutions du temps passé. Notre pauvre patrie est écrasée, elle est mutilée, et cependant la force de sa vocation la soutient encore.

Ecoutez en effet : de la Révolution sort un grand soldat à qui Dieu donna pour mission le relèvement du pays. Or, le soldat parvenu tend la main au Vicaire du Christ, il le rétablit dans sa gloire et sur son trône et pendant quelques années, la France marche à la tête des nations. Mais le soldat est infidèle, il ose mettre la main sur le représentant du Christ, il le jette dans des prisons françaises ; et aussitôt, il est arraché, lui aussi, de son trône de gloire, il est, lui aussi, dépouillé de ses états, il est, lui aussi, jeté dans une prison faite de rochers inabordables : c'est la revanche du Christ, c'est la punition de l'infidélité.

Et voulez-vous en venir à des pages plus récentes et, par le fait même, plus émouvantes ?

Il y a trente ans à peine, vous savez ce qui se passait en Italie : un nouveau royaume se formait, de grandes ambitions venaient d'éclore, et pour fonder ce royaume, et pour satisfaire ces ambitions, il fallait impitoyablement sacrifier le Souverain-Pontife ; la France était là, elle protesta avec toute l'énergie de sa vieille foi.

L'armée française passa les Alpes, elle alla faire respecter le Vicaire du Christ, et vous savez quelle grandeur, quelle prospérité s'ensuivit pour notre pays. Alors aucune nation n'existait, capable de nous porter ombrage. Il n'y avait ni Allemagne ni Italie ; il y avait certes une Angleterre, mais une Angleterre qui demandait notre puissante alliance ; il y avait certes une Russie que nous avions vaincue, mais qui nous gardait, quand même, de cordiales sympathies.

En ce temps-là, la France eut en ce monde la place prépondérante ; elle pouvait parler hautement et chacune de ses paroles retentissait jusqu'au bout de la terre : c'était l'heure où elle défendait le Pontife romain, mais elle le défendait avec un cœur pas assez soumis, et quelques années à peine s'étaient écoulées, qu'elle devint, elle aussi, la complice de la plus infâme trahison dont la terre eut jamais à rougir. Quand cette trahison fut consommée, commença pour notre patrie l'heure de l'expiation. A grands pas, elle descendit vers la décadence, tandis que grandissaient les deux pays qu'elle avait faits de son sang, et qui sont aujourd'hui nos ennemis les plus acharnés.

Mais entrons un peu dans les détails, s'il vous plaît, mes Frères, ils sont pénibles à notre patriotisme, j'en conviens, mais ils sont profondément instructifs.

Quand le concile du Vatican définissait le dogme qui devait faire de notre Église la société la plus unie et la plus forte que l'on vit jamais, est-ce que l'on ne vit pas sortir du sein du gouvernement français, des menaces de schisme, des menaces d'intervention ?

Or, c'est à ce moment précis que l'orage commença à gronder dans les nues. C'était le *18 Juillet* que fut proclamée l'infaillibilité du Souverain-Pontife, et ce fut le *18 Juillet* que la menace de guerre avec l'Allemagne parvint à nos oreilles. Alors il y avait à Rome une petite armée française, et quand la guerre eut éclaté, de Paris arriva l'ordre formel d'abandonner le successeur de Pierre et de quitter les États Pontificaux.

Le 4 Août, la moitié de la petite armée française partit de la Ville Éternelle, et *le 4 Août* en France, c'était la funeste rencontre de 240,000 Français avec 500,000 Allemands ! C'était la terrible journée de Wissembourg !

Deux jours après, *le 6 Août*, la seconde moitié de l'armée française s'éloignait pour toujours de Rome. Et *le 6 Août*, 45,000 Français se trouvaient, sur la frontière de l'Est, en présence de 120,000 Allemands. C'était Forbach ! C'était Reichshoffen ! C'était la défaite qui commençait !!

Le *4 Septembre 1860*, le Chef du gouvernement français avait une entrevue avec un général italien : tous deux projetaient de constituer l'unité de l'Italie au détriment des États de l'Église, et celui-là ne trouvait qu'un mot à dire à celui-ci : « Faites, et faites vite ! » Or, dix ans plus tard, *le 4 Septembre 1870*, un immense craquement ébranla la France : c'était l'Empire qui s'écroulait dans la déroute et dans la honte pour faire place à l'émeute triomphante.

Etranges, ou mieux, providentielles coïncidences ! C'est en septembre que le Vicaire de Jésus-Christ vit ses États attaqués *sur trois points* différents par les troupes italiennes. — C'est en septembre que *trois armées allemandes* se précipitent à la fois sur notre pays. — Rome est investie ; Paris est assiégé ! — Rome est bombardée ; Paris est bombardé !... Nos chutes semble répondre à chacune de nos fautes !

Ainsi le Christ semblait répondre à chaque abandon, à chaque faute de la France par une représaille, par un châtiment immédiat. Ainsi le Christ semblait nous rappeler notre mission divine. Tantôt il nous l'a montrée par des bénédictions, des triomphes et des victoires ; tantôt, il nous l'a signalée par des expiations, des défaites et des humiliations ; mais c'est un fait hors de doute, qu'il nous a tracé dans le monde une mission divine, et que cette mission, il a pris soin de nous la rappeler toujours et sans cesse, de la première à la dernière heure de notre histoire nationale.

En ces jours-là, aux jours où nous étions écrasés par l'ennemi, lorsque nous, Français, nous mettions de côté notre fierté naturelle, lorsque nous nous tournions vers les nations de l'Europe pour trouver parmi elles une voix capable d'apaiser l'implacable vainqueur, alors que les rois et les empereurs nous abandonnaient, un seul souverain s'interposait en notre faveur, et ce souverain découronné et détrôné, c'était le Souverain-Pontife, et il était impossible qu'il n'élevât pas la voix pour la nation aînée du Sauveur Jésus. Seul, dans sa majesté, avec l'autorité de sa parole, seul, le Vicaire du Christ se tournait vers l'Allemand orgueilleux, lui demandant grâce pour nous, et lui représentant qu'il n'y avait pas de gloire à écraser un ennemi à terre. Voilà le dernier mot des prédilections de Jésus pour la France.

Mais, j'ai tort de dire que c'est le dernier mot. Si vous connaissiez bien notre histoire nationale, vous sauriez, en effet, que notre gloire est liée à celle du Christ avec une telle force que rien ne peut l'en séparer. Vous sauriez que même ceux qui sont actuellement à notre tête, par le seul fait qu'ils gouvernent la nation française, sont obligés, bon gré mal gré, de rester dans le monde, les tenants de l'Église et les chevaliers de Jésus-Christ.

Oh ! cette alliance est indissoluble, le Christ nous a choisis, le Christ nous a protégés, défendus, parce qu'il a voulu que la France fût et demeurât toujours son soldat. Il est doux de se le rappeler, il est doux de songer qu'en ce moment même le Seigneur Jésus répète encore à notre chère patrie : « O ma France, ô ma fille chérie, je t'ai aimée d'un amour que je n'ai point eu pour les autres nations ; j'ai fait pour ton peuple ce que je n'ai pas fait pour un autre peuple. Merci donc, ô nation française, merci donc, ô peuple français de venir, aujourd'hui, me rendre tes hommages !

II

Le Christ a parlé : il nous a dit son amour, il nous a dit ce qu'il a fait pour nous. A nous de parler maintenant et de répondre à cette proclamation des prédilections divines par la protestation de notre fidélité.

Savez-vous que la Sainte Tunique est intimement liée aux grands faits de l'histoire de France ? Contentons-nous d'examiner les trois pages principales de cette histoire.

Au xe siècle, nous voyons sur notre sol les hommes du Nord, ces hommes barbares et sauvages, ces hommes, sans foi ni loyauté, qui descendaient le fleuve qui coule à deux pas de ce temple, et qui semaient la terreur et la dévastation jusque dans nos contrées. Or, il arriva que les Normands mirent le siège devant l'abbaye qui abritait la Tunique sacrée du Sauveur. La relique fut épargnée, mais l'abbaye fut réduite en cendres, et pendant 150 ans, il n'en resta que quelques rares vestiges. Cinq siècles plus tard, d'autres ennemis vinrent : les protestants, les huguenots qui poussaient leurs ravages jusqu'à Paris, attaquèrent également Argenteuil ; non seulement, ils brûlèrent le monastère, mais ils s'emparèrent du reliquaire qui avait renfermé le précieux vêtement.

Trois siècles après, au xviiie siècle, le 10 Novembre 1793, la Convention déclara que le culte catholique était désormais aboli en France. A ce moment le pasteur de l'église d'Argenteuil, redoutant pour son merveilleux trésor la fureur et l'impiété révolutionnaires, mit en pièces la sainte Relique, afin d'en cacher plus facilement les morceaux et de la sauver ainsi des profanations et des profanateurs.

Voilà les trois assauts que subit la Robe sacrée de Jésus. Or, il me semble que les protestations de fidélité doivent correspondre à ces trois attaques successives.

Les premiers attaquants étaient des païens qui ne connaissaient pas le Christ, qui n'avaient point eu à faire contre lui le crime de l'apostasie ; ce n'étaient que des indifférents. Mais aujourd'hui, dans notre pays de France, nous avons en face de nous, de ces païens, et il y en a beaucoup hélas ! qui ne connaissent plus le Christ, qui n'entendent plus son nom béni retentir à leurs oreilles et toucher leurs cœurs. En face de ces païens du XIXe siècle, en face de ces malheureux, il nous faut élever vers le Christ les protestations de notre fidélité, les protestations d'une foi éclairée, les protestations enfin d'une foi vivante qui reconnaisse et adore la divinité du Christ Sauveur sous les voiles qui le cachent à nos yeux. O Seigneur Jésus, vous avez voilé votre divinité sous les humiliations de la chair comme vous voiliez autrefois votre chair adorable sous la pauvre Tunique que nous venons vénérer. Seigneur Jésus ! il y en a tant qui passent et qui ne connaissent point votre divinité ! Mais nous, chrétiens, qui représentons votre France, nous ferons monter vers vous les protestations de notre foi. Ce n'est point seulement l'homme, c'est Dieu parmi nous, c'est votre divinité descendue parmi les hommes que nous adorons, et nous nous jetons à vos genoux, au nom de la France entière, pour protester contre ceux qui ne savent plus vous adorer.

Il a donc des hommes *qui ne connaissent point Jésus-Christ*, mais il y en aussi *qui le méconnaissent*, il y en a enfin *qui le dénaturent*.

Ne savez-vous pas, en effet, qu'Il s'est caché à nos regards non seulement sous les voiles de sa chair sacrée, mais encore sous les voiles plus doux, plus mystérieux et plus accessibles de la sainte Eucharistie qui le fait résider sur nos autels ? Ne savez-vous pas qu'Il est encore caché sous les voiles de l'Église, qu'Il est sans cesse présent dans cette église, qu'Il vivifie de sa vie, qu'il anime du souffle de son esprit cette église qui est son œuvre et sa manifestation vivante. Il y en a donc qui ne savent point le reconnaître ; mais nous, chrétiens parfaits, nous qui avons des yeux pour voir et des oreilles pour entendre, nous lui disons bien haut et au nom de la France fidèle : « Seigneur Jésus, nous vous reconnaissons, quels que soient les voiles sous lesquels votre divinité veut se cacher ; notre âme vous devine et notre cœur sait vous trouver. »

Ce qu'il faut donner au Seigneur Jésus, ce n'est pas seulement l'hommage de votre intelligence, mais c'est surtout l'asile de vos cœurs. Un jour, les hérétiques brûlèrent la chasse qui abritait la sainte Relique ; mais vous, chrétiens, donnez-lui un autre asile, une autre demeure ; donnez-lui vos cœurs, votre amour, votre piété. Ce sera la seconde protestation de la France : « Seigneur Jésus, pour réparer le crime de ceux qui vous méconnaissent, je vous aime ! Je vous aime d'un cœur qui a compris toute votre bonté, toute votre beauté, toute votre gloire, tout votre dévouement, toutes vos divines douceurs et toutes vos splendeurs humaines ! »

Et puis, en face des troisièmes ennemis, en face de ceux qui ont amené le déchirement de la Tunique sacrée, en face de ces apostats sans conscience, de ces jacobins sans entrailles, de ces sectaires sans scrupule, qui poursuivirent Jésus d'une haine de chaque jour (ils existèrent et ils existent encore, vous le savez aussi bien que moi), en face de ceux-là, il ne s'agit plus seulement de la foi, il ne s'agit plus seulement d'un amour renfermé au fond de vos cœurs, mais il faut faire éclater au grand jour un amour qui s'agite, un amour qui milite ; il faut de la générosité, il faut du courage pour assurer le règne et le triomphe de Jésus-Christ.

Et ne disons pas, Mes Frères, que nous n'y pouvons rien ; nous y pouvons quelque chose. Comment se fait-il, en effet, que les sectaires, que les ennemis acharnés de Dieu semblent devenus les maîtres de la France ? Comment se fait-il qu'ils aient triomphé, tandis que dans notre pays, vivent et circulent encore tant de sentiments profondément chrétiens ? — Ah ! c'est que ces hommes sont des *apôtres*, des apôtres plus ou moins convaincus, peu importe, mais des apôtres qui agissent. Au jour où nous vivons, il n'est plus permis de renfermer dans son âme la foi que l'on professe ; tous doivent avoir sans cesse devant les yeux une œuvre plus grande à accomplir : il y a, en France, à rendre au cœur du Christ une manifestation publique d'amour et de foi !

Oh ! ne disons pas que nous n'y pouvons rien ; excuse facile pour ne rien tenter, prétexte de lâcheté. Ils sont arrivés, disent-ils, par l'opinion, par je ne sais quel suffrage universel ; mais c'est l'opinion française qui doit avoir le dernier mot, et vous pouvez certainement quelque chose pour former l'opinion du pays qui est le vôtre, après tout !

Ne disons pas que nous n'y pouvons rien. Oh ! si tous ces chrétiens à qui je parle, si de toutes ces âmes s'échappaient, ardentes, des convictions chrétiennes, ces convictions porteraient le feu sacré à travers les peuples, elles passeraient dans les foules comme un torrent irrésistible qui entraînerait toutes les haines de nos adversaires.

Oui, vous y pouvez quelque chose ; vous avez le devoir d'opposer la foi et ses œuvres, aux œuvres et aux doctrines de l'impiété ; vous avez le devoir de manifester vos croyances chrétiennes : nous ne voulons pas que notre France soit une nation athée !

Une nation athée !... Mais qu'est-ce donc qu'une nation athée ? C'est une nation folle, livrée aux abîmes. Une nation qui ne connaît plus Dieu, qui législère contre Dieu. C'est une nation qui attire sur elle les malédictions divines ; et nous voulons, nous, une France chrétienne qui reprenne ses traditions, qui aille tendre la main à Jésus, et qui redevienne le soldat du Christ. Nous voulons une France qui marche en avant de cette civilisation chrétienne qui a fait pendant tant de siècles sa grandeur et sa force !

Oh ! j'entends bien l'objection qu'on va nous faire ; on va nous dire : « *Mais c'est là une opinion entachée de cléricalisme !* » — Qu'est-ce à dire cléricalisme ? Si le cléricalisme est l'enseigne de ceux qui préfèrent la France de Charlemagne et de Saint-Louis, à la France sans Dieu, eh bien ! oui, *nous sommes tous cléricaux.* — Mais sous ce titre se cache une injure perfide. On a fait du mot « cléricalisme » le synonyme d'oppression et de tyrannie ; on nous accuse de tyranniser les âmes. Mais qu'on le sache bien, nous ne voulons opprimer personne ! Ce que nous voulons c'est donner à Jésus-Christ des cœurs qui l'aiment et des âmes qui lui soient dévouées.

Ah ! l'oppression, je sais bien où elle se trouve. L'oppression, elle est du côté de ces hommes qui ont pris toutes les puissances, toutes les énergies, tous les pouvoirs de notre France, qui l'ont lancée dans la voie d'une franc-maçonnerie sans patriotisme, et qui la conduisent à sa ruine. Nous, au contraire, nous sommes des libérateurs, nous voulons faire triompher la vérité, la semer à pleines mains ! ! Voilà l'œuvre à laquelle vous devez consacrer votre vie, vous n'avez pas le droit d'en détourner vos regards ; et si vous comprenez bien le but de la réunion d'aujourd'hui, il est là tout entier.

O Seigneur Jésus, en face de ceux qui luttent contre vous, nous nous dressons tout pleins de foi et d'amour, nous nous dressons, tout prêts à donner, pour le triomphe de votre sainte Loi et de votre vérité, notre amour, notre foi, notre courage et, s'il le faut, le sang de nos veines !

Et maintenant, Mes Frères, je terminerai par un vœu ; c'est le vœu que la France entière vienne ici apporter au Christ les protestations de fidélité dont je viens de parler.

Si ce pèlerinage, en effet, devient national, il comptera parmi les plus belles espérances de notre patriotisme. Nous le mettrons à côté de l'achèvement de cette imposante basilique du Sacré-Cœur : témoin du réveil de notre France. Nous le mettrons à côté de cette belle fête qui se prépare pour célébrer le 14ᵉ centenaire du baptême de notre pays ; et vous comprenez qu'il y a dans toutes ces manifestations l'âme nationale qui tressaille. Notre France s'agite, elle fermente pour faire monter jusqu'à sa surface, des masses de gloire et de grandeur.

Le Christ Jésus qui est ici, est toujours celui qui passait dans les chemins de Judée et de Galilée en semant les miracles. Il s'est fait des miracles devant cette insigne Relique, il s'en fera encore. Que la foi se ravive donc, que l'amour se manifeste en accents embrasés et en résolutions fécondes ; de nouveau Jésus-Christ bénira la France, et, en bénissant la patrie, Il bénira vos vies, Il bénira vos corps, et fortifiera vos âmes : souverains préludes de cette éternelle bénédiction qui s'appelle le ciel.

Après ce remarquable discours, dans lequel l'onction de la piété s'unissait à la hauteur des vues, la procession s'organise. A la suite de la croix, après les Séminaristes et les Prêtres, les six Évêques, revêtus de la chape, portant la crosse et la mitre, traversent les rangs des fidèles et font tout le tour de l'église. Pendant que le peuple, désireux d'approcher les représentants de Dieu et avide de leur bénédiction, se presse sur leurs pas, la maîtrise d'Argenteuil chante joyeusement l'hymne de la Sainte Tunique :

Plebs pistica, prome laudes Redemptori cujus gaudes Habitu dignissimo, Fide firmâ per quam audes Hostiles vincere fraudes Aggressu tutissimo.	A ton Sauveur, peuple fidèle, Chante une louange éternelle Pour son vêtement précieux. Tous les démons tu pourrais vaincre Si la foi te pouvait convaincre Que c'est l'habit du Roi des Cieux.
Vestis hæc est manuale Matris opus virginale. Actum sine suturâ. Corpus tegit filiale Donec debitum mortale Ferret pro creaturâ.	C'est la Tunique sans couture Que la Vierge, Mère très pure, A faite de ses propres mains. Son Fils en couvrit sa chair tendre Jusqu'au jour qu'on lui fit répandre Le sang qui sauva les humains.
O mirandum vestimentum Cujas ætas dat augmentum Ab ejus infantiâ. Simul sumit incrementum Nullum vestis nocumentum Gerens, labis nescia.	O vêtement inestimable Qui d'une manière ineffable Croissait autant que le Sauveur ! Il s'en est servi sans le rompre, Et les temps ne l'ont pu corrompre Depuis cette insigne faveur.
Hanc Judæi rapuerunt Et sortem super miserunt, Nolentes partiri. Nam quod vates prædixerunt Hoc ignari preduxerunt Effectum sortiri.	Les soldats prirent ce saint gage, Et n'en firent aucun partage, Mais ils le jetèrent au sort. Sans le savoir ils accomplirent Ce que les Prophètes prédirent De ce Dieu qu'ils mettaient à mort.
Quam ab oris gentilium Imperator fidelium Carolus extraxit, Regno gestante lilium Per virtutis auxilium Hæc famam protraxit.	Charlemage enfin le retire Des lieux où sous un dur empire Gémit à présent le chrétien. Pour lors, cet habit dans la France Fit connaître par sa puissance Qu'il en est le plus fort soutien.
Ab argento sumpsit nomen Oppidum quo dedit Numen Sacram collocari. Ubi gratis dat juvamen Christicolis hoc velamen Dignum decorari.	Argenteuil est l'heureuse ville Où Dieu, comme dans un asile, Veut que l'on garde ce trésor. Là les chrétiens dans leurs misères Reçoivent des biens salutaires, Beaucoup plus précieux que l'or.
Guerrarum per intervalla, Vestis muro latens illa Stat, nullo sciente, Unde fulgent miracula Monachorum oracula Angelo ducente.	Mais pendant une longue guerre Dans le sein d'un mur on le serre Et le temps le met en oubli. Ensuite on y voit des miracles, Un saint moine entend des oracles, Et l'y retrouve enseveli.

O quam certa probatio	La preuve de cette merveille
Indiscreta devotio	Est l'imprudence sans pareille
Militi fragenti!	D'un soldat tout prêt d'en couper.
Cui vitæ sedatio	Pour sa faute un grand mal l'afflige ;
Fuit et restauratio	Il s'en repent à ce prodige,
Rectum lugenti.	Et Dieu cesse de le frapper.
Ut fore Christi Tunicam	Ainsi sans douter de l'histoire,
Quam Mater egit unicam	Croyons que la Reine de gloire
Fidelis confidat.	A fait cette Robe à son Fils.
Gratiarum mirificam	Que nul chrétien ne s'en défende,
Et nostræ precis unicam	Mais que plutôt il en attende
Hanc nullus diffidat.	Des faveurs qui n'ont point de prix.
Quam colentes, post mortalem	Afin que sa robe mortelle
Stolam Christus immortalem	Lui soit changée en immortelle
Det ferre nuptiis,	Aux noces du céleste Époux,
Perducens ad triumphalem	Ou le conduisant qu'il lui donne
Collaudantes Hierusalem	Une triomphante couronne
Summis deliciis.	Et part aux plaisirs les plus doux.
Amen. — Alleluia.	Ainsi soit-il. — Alleluia.
	(Trad. du XVIIIᵉ siècle).

De retour au sanctuaire, les prélats montent ensemble les degrés de l'autel et tous d'une seule voix bénissent solennellement la foule silencieuse. Enfin, le Salut du Saint-Sacrement, donné par Son Eminence le Cardinal Langénieux, termine dans un acte d'adoration ces imposantes cérémonies.

Béni soit à jamais le divin Maître qui a suscité, au cœur même de la France, cette grande et solennelle manifestation de foi, d'espérance et d'amour !

* * *

SAINT-GERMAIN-EN-LAYE ET SAINT-SULPICE DE PARIS

Le mercredi 23 mai, l'Eglise d'Argenteuil ouvrait ses portes aux pèlerins du doyenné de Saint-Germain-en-Laye. La brise légère avait sans doute porté jusqu'à la célèbre « terrasse » les échos des splendides fêtes de la Sainte Tunique, car ils furent nombreux ceux qui vinrent ce jour-là, à la suite de leur clergé, offrir leurs pieux hommages à l'insigne Relique.

Une agréable surprise leur était d'ailleurs réservée ; ils eurent le bonheur d'entendre le magnifique discours qu'on va lire : œuvre magistrale de Mgr Gassiat, protonotaire apostolique, dont la parole éloquente est fort goûtée de tous ses auditeurs en général et des Saint-Germinois en particulier :

De torrente in via bibet ; propterea exaltabit caput.
Il boira dans sa course de l'eau du torrent ; et c'est pourquoi il lèvera la tête.
(*Psalm.* 109, v. 8.)

Mes biens Chers Frères,

C'est sous le coup d'une vive émotion que je vous adresse aujourd'hui la parole... Vous le comprendrez d'autant mieux que, certainement, vous l'avez éprouvé vous-même.

Comment, d'ailleurs, s'en défendre, en contemplant avec les yeux du corps cette Robe sacrée qui, pendant si longtemps, pendant même toute la vie — porte une tradition pieuse — recouvrit l'Humanité sainte de Notre-Seigneur Jésus-Christ, et fut la première imprégnée et comme imbibée du sang rédempteur ?

Que dirions-nous si, un jour, à notre réveil, on nous apportait les vêtements ensanglantés d'un être aimé, d'un père, d'une mère ? Quelle langue pourrait exprimer les angoisses de notre âme et les déchirements de notre cœur ? Ici, c'est la Tunique empourprée du sang de notre Dieu !

Sans doute, nous pouvons voir, chaque jour, ce sang divin, au Sacrifice de la messe. Plus heureuses, les mains sacerdotales le touchent, le manipulent, Que dis-je ? par la vertu surnaturelle de leur mission, les ambassadeurs officiels du Christ le reproduisent à volonté ! Mystère insondable de puissance et d'amour ! Mais tout réel et tout substantiel que soit ce sang, il ne se montre que sous une forme mystique ; la foi seule est apte à le découvrir et à le reconnaître sous les espèces qui le dérobent à nos yeux.

Ici, plus de voiles, plus de mystère ! La science a parlé et concorde avec les traditions ; les taches que nous apercevons sur la Tunique sainte, c'est le sang divin dans sa nature physique, avec ses globules matériels et tous ses éléments constitutifs ! C'est le sang qui circulait dans les artères du Fils de l'homme, qui coula au jardin de Gethsémanie, au prétoire et au Golgotha.

Salut, ô sang rédempteur des mondes ! Salut, robe bénie ! tissu divin, ouvré par les mains virginales de Marie ! Ah ! puissent votre souvenir et votre culte raviver, dans notre cher et désolé pays, sa foi séculaire et son antique amour pour le Christ !...

Et maintenant que nous avons chanté notre hymne de respect et d'actions de grâces au glorieux Trophée, impérissable honneur de cette église, arrivons, Mes Frères, à la leçon pratique qui en découle et qu'il nous suggère en nous montrant comment la Douleur chrétienne nous *grandit* et nous *fortifie*, selon le mot du psalmiste : *de torrente in via bibet, propterea exaltabit caput.*

La Grandeur et la Force morales engendrées par la souffrance, quel contre-sens humain ! Quel paradoxe ! Mais la Foi nous enseigne qu'il y a aussi là une vérité : vérité éblouissante et féconde, dont je veux, sous les auspices de la Sainte Tunique, essayer de convaincre vos cœurs.

I

La Souffrance, source de grandeur.

Il y a longtemps, mes Frères, que le grand problème de la glorification par la souffrance se pose devant l'humanité ; mais il y a aussi longtemps que l'humanité en détourne la tête, n'y voulant voir avec les Juifs que du scandale, et avec les Payens que de la folie, *stultitiam gentibus, judæi vero scandalum*. Aussi, nous gardons-nous de livrer au premier venu cette haute doctrine, de peur d'en compromettre la délicatesse et la sublimité. Mais ici, l'orateur chrétien se sent à l'aise parce qu'il parle aux siens, et qu'il est sûr d'être compris. Le fameux « *Predicamus crucifixum*, nous prêchons le Crucifié » de saint Paul, est pour nous un axiome, une vérité première, et nous sommes tentés de sourire quand on suppose la grandeur morale de l'homme autrement ou ailleurs.

Où serait-elle, en effet ? — Si je demande au génie humain de transporter ou de perforer les montagnes, de détourner les torrents, de suspendre dans les airs des coupoles colossales, de museler en quelque sorte l'océan, en posant des limites à l'orgueil de ses flots ; avec le fer et le feu, il y parvient. Sans doute, les éléments ne se révoltent pas ; dociles, au contraire, à la force qui les subjugue en les dirigeant, ils se courbent sous le commandement du maitre. Il n'en est pas moins juste et légitime de saluer et d'applaudir ces brillantes manifestations de l'intelligence humaine, elles prouvent que l'homme connait sa royauté sur la création, et qu'il l'honore en l'exerçant.

Mais si, détournant nos regards de l'œuvre, nous les portons sur l'ouvrier, presque aussitôt, comme on l'a dit « le masque tombe et le héros s'évanouit. » Ainsi, ces majestueux souverains de la nature sont très souvent incapables de maîtriser une palpitation de leur cœur ; possédant tout, ils ne se possèdent pas eux-mêmes ; désorientés après un échec, ils perdent contenance au premier souffle de l'adversité.

L'implacable histoire l'atteste. Combien de sages qui, après avoir ébloui la terre par l'éclat de leur talent, démentaient misérablement, dans la pratique, la superbe de leurs théories ! Orateur, le grand Démosthènes soulevait et armait deux fois un peuple pour son indépendance et sa liberté ; soldat, il se montrait le type de la couardise, jetant son épée sur le chemin et demandant grâce à un massif de chardons auquel s'était accroché, par hasard, un pan de sa tunique...

Néron, Caligula, et presque tous les tyrans dont on a conservé le souvenir, nous apparaissent lâches et timides devant la mort qu'ils donnaient si facilement aux autres. Il n'y a pas jusqu'au plus orgueilleux des stoïciens, le célèbre négateur du mal, qui ne poussât des hurlements affreux aux premières atteintes d'un simple rhumatisme. Tous, et principalement les plus fiers, les plus arrogants, ceux qui prétendaient le plus aux honneurs de l'apothéose, proclamaient, par leur piteuse attitude en face des amertumes de la vie, l'affaissement de leur âme et la pusillanimité de leur cœur. Et la grandeur morale serait là ? — Allons donc ! cette pensée révolte...

Où donc est-elle ? — Le Grand Apôtre nous l'a dit, et il va nous le redire : « *Patientia perfectum opus habet*, le chef-d'œuvre, l'absolue perfection, la grandeur véritable procède de la patience, » c'est-à-dire de la souffrance chrétiennement supportée.

Plus d'une fois, dans le cours de nos instructions, nous avons à montrer l'homme aux prises avec le Devoir ou avec lui-même, et la portion de gloire qu'il retire de son triomphe sur la chair et le sang. En cherchant bien, peut-être trouverions-nous quelque motif humain facilitant à la nature ces efforts et ces sacrifices. Il y a tout au moins le retour délicieux et parfois enivrant de la Conscience sur elle-même et les flatteries éparses qui manquent rarement d'accompagner ou de suivre un devoir généreusement accompli.

En outre, le devoir, contredisant les passions, s'attaque surtout à notre liberté. S'il soulève des résistances infinies, il ne se trouve pas en face d'un adversaire sans défense. Cette liberté qu'il semble combattre, et qu'il combat, en effet, ne meurt jamais d'une manière complète. Elle a au dedans d'elle-même un ressort, qui, en se détendant, est capable de renverser toutes les tyrannies de la tentation. L'âme a beau être obsédée, elle demeure indépendante et maîtresse. Dans n'importe quelle circonstance, elle peut dire : Je veux ! ce mot omnipotent que Dieu a mis en elle comme le trait le plus saillant de notre ressemblance avec Lui.

Dans la souffrance, au contraire, rien d'humain qui puisse nous faire accepter son breuvage amer, encore moins nous porter à sa rencontre, nous amener à lui sourire, à la bénir. Pourquoi ? Parce que la souffrance ne s'attaque pas à notre liberté, mais bien à notre sensibilité qui n'est pas libre. Elle soulève d'immenses résistances, et son adversaire est complètement désarmé. Etant donnée, en effet, une cause de douleur, comme une brûlure, une meurtrissure au point de vue physique, la perte d'un ami, une déception au point de vue moral, l'âme est nécessairement et fatalement affectée ; elle ne peut absolument rien contre la matérialité, ou, comme on dit vulgairement, contre la brutalité de ce fait.

Bien plus, à cause de la palpabilité de notre corps, nous sommes infiniment plus sensibles que nous ne sommes intelligents et voulants. S'il y a des tentations qui bouleversent l'âme, il y en a d'autres qui l'effleurent à peine ou passent inaperçues. Il n'en est pas ainsi de la douleur. Celle-ci ne touche pas à notre corps sans y provoquer immédiatement une perturbation qui réveille dans l'âme les plus pénibles échos. Voilà pourquoi nous éprouvons pour le mal physique une horreur bien plus marquée que pour le mal moral. Le mal physique, en effet, nous atteint plus cruellement, parce qu'il heurte, dans notre organisme, les fibres délicates qui servent de véhicule ou d'instrument à notre sensibilité !

Voilà la vérité, mes Frères ; nous avons beau nous grandir, dresser une tête altière, étonner le monde par nos œuvres ou par nos discours ; les plumes modernes ont beau nous exalter dans des panégyriques enthousiastes... sous le manteau de gloire dont on nous couvre, la simple piqûre d'une guêpe nous fait crier et maudire la guêpe... un chagrin nous écrase, une mauvaise nouvelle nous abat... nous sommes sous l'éperon de la souffrance comme un ver de terre sous le pied qui le foule : nous nous tordons en demandant merci !

Tel est l'homme en face de la douleur : exaspéré, impuissant, nul... Et cependant, c'est dans cette exaspération, dans cette impuissance, dans cette nullité que je découvre une grandeur à nulle autre pareille !... Il est vrai que notre liberté ne peut rien contre le fait de la souffrance ; mais elle peut tout sur l'âme qui subit ce fait ; elle peut la rendre maîtresse d'elle-même et, partant, dominatrice de la douleur.

Lorsqu'en effet, un homme, du fond de l'abîme où le mal l'a plongé, va puiser dans le souvenir du Dieu flagellé et crucifié un rayon de foi et d'espérance ; lorsqu'en son nom et pour son nom, il se retourne contre sa nature efféminée et lâche pour lui dire : « Je te méprise ! c'est en vain que tu me frappes... je suis faible, et c'est pourquoi je suis fort !... Tu veux que je pleure, que je me désespère, que je m'avoue vaincu par un blasphème... non, je ne pleurerai pas... j'espèrerai toujours... jamais le blasphème ne sortira de

5.

ma bouche..... » C'est beau ! c'est grand ! c'est sublime ! Je retrouve ici l'*Opus perfectum* de saint Paul ; je salue l'auguste pontife de la nature ; j'acclame de nouveau le Roi de la création !!

Cette théorie, si obscure pour la simple raison, si éblouissante pour la foi, et dont la Sainte Tunique nous offre un emblême saisissant, trouve une magnifique confirmation dans les enseignements et les exemples de Notre Seigneur Jésus-Christ.

Jésus-Christ, en effet, pose souvent la souffrance comme le piédestal de sa future exaltation. — « Ne faut-il pas, disait-il, que le Fils de l'Homme souffre, et qu'il entre ainsi dans la gloire ?... » — Or, vous savez ce qu'il fit de cet axiôme surnaturel. Né pauvre, persécuté dès le berceau, en lutte continuelle contre l'ignorance de tous, « il pleura souvent, porte un document officiel de l'Empire romain, et l'on ne vit jamais le rire s'épanouir sur ses lèvres. » — Plus tard, quand la malice humaine eut débordé, et que sa mort fut décidée dans le conseil des Juifs, il tomba dans cette agonie affreuse où son humanité, réduite aux abois par l'excès de la douleur, jeta vers le ciel ce cri exaspéré : « Père, que ce calice s'éloigne ! »

Si le calice de la Passion s'était éloigné des lèvres du Sauveur, l'homme, buvant jusqu'à la lie la coupe de ses tribulations, eût été plus grand que la Divinité : le Christ était distancé par Socrate !... Mais il triompha de cette suprême faiblesse en se courbant sous la volonté de son Père ; et l'accomplissement de cette volonté devint sa glorification et, simultanément, le principe de la nôtre. Car telle est la loi désormais : quiconque sème dans les larmes avec le Christ finira, comme lui, par une moisson joyeuse ; quiconque le suivra au Calvaire par le chemin sanglant de la Croix, méritera de l'accompagner au Thabor, c'est-à-dire, à la transfiguration de l'homme en Dieu.

La souffrance contient donc la grandeur en germe ; et elle la produit par un phénomène analogue à celui de la végétation. L'âme broyée par la douleur est comme le grain de sénevé que la terre reçoit. Ce grain, dit l'Evangile, est la plus petite de toutes les semences, et il atteint bientôt de gigantesques proportions. Mais, avant d'arriver à l'apogée de son développement, il faut, sous peine de demeurer pygmée, qu'il se soumette au travail de la végétation. Il se décompose, il se dissout, et, à un certain moment, on se demande s'il renferme encore un principe vital. Précisément, ce moment de sa mort est celui de sa vie la plus intense, la plus active ; la tombe lui sert de berceau. A son premier effort, il soulève la terre qui le couvre ; sa sève bouillonne, sa tige grandit, ses branches s'étendent ; l'arbre apparaît dans sa majesté, et le voyageur, en l'apercevant, salue le Roi de la forêt.

Pauvre grain de sénevé, ainsi l'homme est soumis à la force dissolvante de la souffrance. Il se décompose également, il se dissout et tombe rapidement à cette halte dernière qui précède la mort de quelques pas. Mais dans cette détresse suprême se tient cachée une suprême énergie. Car, à l'heure même où il semble disparaître comme homme, il prend quelque chose de la physionomie d'un Dieu, en subjuguant, par un acte de foi et d'humilité, l'orgueil et la sensibilité de la nature.

Il fut un temps où l'Eglise ne pouvait suffire à enregistrer ces sublimes transformations. Des enfants posant à peine le pied sur le seuil de la vie, des vieillards inclinés vers la tombe, des vierges timides, se précipitaient au-devant des bourreaux, accusant de lenteur les calculs de leur rage ; et, sur les chevalets qui disloquaient leurs membres, et au milieu des flammes qui les consumaient... ils chantaient des cantiques, souriant à la mort !

Les peuples étaient tellement stupéfaits de ces courages surhumains, qu'ils couraient après les martyrs pour recueillir leur sang ou emporter leurs cendres. Le culte enthousiaste dont ils honorèrent leurs restes sacrés, donne la mesure de l'impression profonde que de pareils spectacles produisaient sur la foi naïve des générations chrétiennes ; impression qui s'est traduite à travers les siècles par une floraison d'œuvres d'art en tout genre qui ont fait et feront à jamais l'admiration du monde !

Tel est l'ascendant de ces âmes viriles, que leur souvenir résiste à toute impopularité, et, par la comparaison, fait pâlir toute gloire. Qu'est-ce qu'un Alexandre de Macédoine auprès de saint Sébastien ?... et une Cléopâtre auprès de sainte Agnès ?... Le nom de ces illustrations mondaines peut bien s'étaler en lettres d'or sur les marbres des Panthéons ; celui des martyrs est gravé dans les âmes chrétiennes et défie toutes les morsures du temps. La raison de cette différence est manifeste : pendant que les premiers montaient dans le sens de la terre, ils descendaient dans le sens de Dieu. Plus, au contraire, les seconds s'annihilaient aux yeux des hommes par la souffrance, par l'immolation et le crucifiement perpétuels de leur corps et de leur cœur, plus ils montaient d'un élan rapide vers les sphères divines : semblables à ces eaux foulées, qui, par le fait même de leur pression, jaillissent en colonnes puissantes et provoquent les applaudissements des spectateurs.

Voulez-vous un tableau vivant des ces métamorphoses surnaturelles ? Je le trouve textuellement dans nos Livres Saints.

Un jour, Lucifer parut devant le Seigneur: et le Seigneur lui dit : « D'où viens-tu ? » — Je viens, répondit-il, de parcourir la terre, et je l'ai trouvée fort soumise à mes lois. — Le Seigneur reprit : « As-tu vu mon serviteur Job ? Celui-là du moins ne t'appartient pas ; car c'est un homme de droiture et de sagesse ; il n'a pas d'égal sous le soleil. » — Je le crois, dit Satan, il est assez payé de sa vertu: tout lui vient à souhait, fortune, santé, famille... Mais étendez un peu la main sur lui, et vous verrez s'il ne vous maudira pas en face...

Le Seigneur, qui voulait confondre l'orgueil de Satan par la foi d'un simple mortel, lui dit : « Va ! tout ce qu'il a est en ton pouvoir : tout, excepté la vie. »

Dès ce moment, commença la lutte. O pauvres pèlerins du plaisir perpétuel, arrêtez-vous, et contemplez le Juste aux prises avec l'adversité !

Coup sur coup, il apprend la perte de ses troupeaux, la ruine de ses maisons, la mort de ses enfants dans des conditions épouvantables. Le saint homme lui-même est frappé dans son corps ; ses chairs tombent en lambeaux, corrodées par une horrible plaie ; il se traîne péniblement sur un fumier...

Le voilà cet homme si puissant naguère ! Le voilà dans la boue et dévoré par les vers !... Mais il y est plus beau, plus magnifique qu'un roi sur son trône. Car lorsque l'ignominie l'a rassasié... lorsque ses amis, son épouse même, le raillent ou l'abandonnent,... que, sans force et sans espoir humain, il se voit expirer lentement... lorsque déjà, dans l'ivresse de sa haine, Lucifer insulte Dieu et attend que de la bouche de sa victime sorte le dernier mot de sa victoire — un murmure ou un blasphème — le vieillard éprouvé pénètre les cieux d'un regard de résignation ; et son amertume s'exhale en ces simples paroles : « Le Seigneur m'avait tout donné ; il m'a tout repris ; que son nom soit béni à jamais !... »

O combat glorieux ! ô miraculeuse victoire ! ô grandeur du néant qui s'appuie sur le bras de Dieu !... Saluez, chrétiens, le héros de la patience, image vivante du Christ, et adorez, dans sa réalisation, l'oracle prophétique : « Il boira de l'eau du torrent, et c'est pourquoi il sera exalté ! *De torrente in via bibet ; propterea exaltabit caput !...*

II

La Souffrance, source de force.

La souffrance ne fait pas que grandir l'homme ; elle le rend aussi *fort :* fort, en le rattachant à Dieu, source unique de la force ; fort en le dépouillant des causes de sa faiblesse ; fort en l'accoutumant à dompter sa sensibilité.

Il est certain que, dans les grandes douleurs, particulièrement dans les maladies aiguës et prolongées, la prostration des forces physiques amène presque fatalement celle des forces morales. Il semble que tout nous quitte à la fois ; qu'en même temps que la vie déserte nos membres, elle s'enfuit également de notre esprit et de notre cœur ; et la volonté ne peut rien pour suspendre, ne fût-ce qu'un instant, cette débâcle précipitée de nous-même.

On dit que la sensation éprouvée par l'homme, quand il s'aperçoit de ce vide général et progressif, est inexprimable. Quelques-uns ne peuvent la supporter et s'y dérobent par le suicide. Action de lâche que la raison doit flétrir aussi bien que la Foi, mais que nous comprenons hélas ! comme nous comprenons, pour le flétrir aussi, le soldat qui déserte son poste en face de l'ennemi.....

Pourquoi ce mouvement en arrière ? Pourquoi cet effarement devant la douleur ou le devoir ? — Parce que, trop persuadés de leur propre faiblesse, ils n'ont rien vu autour d'eux qui pût les secourir. Le soldat, oubliant qu'il portait la foudre, s'est cru désarmé ; et le chrétien, oubliant qu'il portait la Croix, s'est cru sans auxiliaire ; et à leur faiblesse tous les deux ont ajouté la honte : ils ont capitulé !...

Il n'en est pas ainsi de la douleur chrétienne, parce que celle-ci a la Divinité pour soutien ; elle forme avec elle une alliance offensive et défensive ; et, grâce à cette alliance, on arrive à dominer tous les supplices et tous les tourments. Saint Paul l'a dit en propres termes : « Je ne peux rien par moi-même ; mais je peux tout en Celui qui me fortifie, *omnia possum in eo qui me confortat.* » La souffrance rend donc l'homme *fort* en le rattachant à Dieu, source unique de la force.

Elle le rend *fort* également d'une manière indirecte, en le dépouillant des principes de sa faiblesse. Je voudrais bien qu'on m'expliquât la chétivité morale de l'homme, malgré l'âme progressive et le cœur perfectible que Dieu lui a donnés en le créant. Comment se fait-il qu'avec des aspirations nobles et généreuses vers le Bien, le Beau, le Juste et le Vrai, il s'oriente presque toujours vers la négation de ces grandes et divines choses ? Comment, lorsque je m'attends à le voir planer dans les sphères supérieures, le trouvé-je encloué dans quelque esclavage honteux ?

Sans doute, il est loin d'aimer cet état. Il relève parfois la tête ; il soupire après la liberté ; il invoque la Rédemption ; il voudrait s'élancer..... Mais le despotisme de quelque habitude lui dit : Non !... Et il retombe de son propre poids sur son propre néant ! Déjà un froid glacial envahit son intelligence et menace de gagner la région du cœur... La mort vient..., elle est venue... Seigneur, qui soufflera sur ce cadavre pour le ressusciter ? Qui ranimera ses cendres ? qui, mes Frères ?...

La souffrance... Oui, la souffrance le ramènera à la prière et la prière, à Dieu. La souffrance rompra le réseau qui le tenait captif ; elle purgera sa liberté des scories qui en entravaient la marche. La souffrance sera le balancier de ses pas incertains sur la corde raide de la vertu. Sous son action solidifiante, comme la molle argile sous l'action du feu, ses velléités pour le bien prendront de la consistance jusqu'à devenir inébranlables. Par la souffrance, l'homme subit donc une triple transformation à son avantage : il était lâche, il devient intrépide ; il était lourd, il devient agile ; il était de glace et il devient de feu.

Enfin la souffrance rend l'homme *fort*, parce qu'elle raidit sa nature contre le mal par l'habitude de le dompter.

La souffrance, en effet, en atteignant l'âme qu'elle harcèle, constitue en elle une faculté : faculté morale, qui, à l'instar de toutes les facultés, se développe par l'exercice, à peu près comme le banc de sable qui, à force d'être battu par la tempête, devient granit.

Tel est, en effet, le phénomène que la souffrance produit dans l'ordre de la moralité. Un seul jour ne suffit pas à faire un anachorète ou un martyr. La vertu de force, comme toutes les vertus, a son âge mûr comme elle a sa jeunesse ; elle ne jouit pas du privilège de transporter, sans transition, une âme, des défaillances habituelles de la nature aux suprêmes énergies de la Foi ; il faut une hiérarchie d'efforts, un progrès de sacrifices, un enchaînement de victoires par la patience ; et ce mouvement ascensionnel, lent mais continu, fait parvenir le chrétien à une espèce d'impassibilité. — « Je châtie mon corps, disait saint Paul, le grand panégyriste de la souffrance, je le réduis en servitude. » — Et c'est en se rudoyant ainsi lui-même qu'il en vint au point de supporter, comme en se jouant et avec délices, les pérégrinations, les emprisonnements, les naufrages, les terribles labeurs de l'apostolat et finalement, la décapitation.

La souffrance est donc comme un gymnase moral, une piste d'entraînement, si j'ose m'exprimer ainsi, une école de force où se prépare et se complète le héros chrétien. Elle est comme le fameux fleuve mythologique dont les eaux rendaient invulnérable, tandis que le plaisir énerve et amollit. Vous qui connaissez l'histoire, souvenez-vous d'Annibal et des délices de Capoue !

Mais qu'avons-nous besoin de l'histoire profane ?

Est-ce qu'aucun saint de l'ancienne ou de la nouvelle loi a jamais rien entrepris avant d'avoir retrempé son âme et rajeuni son cœur au creuset de la tribulation ? Moïse méditant le passage de la mer Rouge, Josué rêvant la conquête de la terre de Promission, Judith complotant la mort d'Holopherne, les sept derniers héros de la maison d'Israël, où allèrent-ils puiser la force, l'audace, la victoire ?... Dans la souffrance volontaire : le jeûne et la mortification. C'est là que Dieu les attendait ; c'est là qu'il les voulait rompre et triturer, avant d'étonner le monde par leur prodigieuse énergie.

Comment oublier aujourd'hui, devant la Sainte Tunique, que le Christ engendra son Eglise dans les larmes et le sang ?... Et l'Eglise elle-même, suave fruit des douleurs d'un Dieu, n'a-t-elle pas germé, fleuri, fructifié sous le souffle des colères humaines et des haines infernales ?... Traquée durant trois siècles, comme une bête fauve, mise au ban de l'univers, se traînant blessée de catacombe en catacombe, s'y faisant suivre à la trace de son sang ; de quelque côté qu'elle se tournât, la main de l'ennemi était levée sur elle ; elle n'avait qu'à courber la tête, et la hache du licteur tombait pour l'achever...

Mais, répandu au Colysée, son sang rejaillissait au bout du monde et multipliait ses adorateurs. L'orage qui devait l'écraser retrempait sa vigueur ; la mort centuplait sa vie... et elle réapparaissait toujours plus jeune, toujours plus vivante, semblable à ces arbres d'Arménie qui attendent que le fer les blesse pour donner toute l'opulence de leur sève et de leur parfum !

Vous le voyez, mes Frères, si jamais thèse s'est appuyée sur d'irréfragables arguments et d'éblouissants exemples, c'est bien celle de la grandeur et de la force résultant de la souffrance chrétiennement supportée. L'heure est donc venue de nous arrêter et de conclure.

Amoindris et débilités par nos chûtes morales, énervés par la mollesse et le plaisir, il nout faut demander notre régénération à la souffrance, c'est-à-dire à la Croix qui signifie et réalise en même temps ce privilège merveilleux.

Oui, la Croix ! Dieu l'a écrit, un jour dans les airs, assez haut et d'une manière assez brillante pour que nul n'en ignore. Il le proclame de nouveau dans nos temps troublés, dans ce siècle de jouisseurs, en étalant à nos yeux, dans un rayonnement de gloire, les stigmates de son sang encore visibles sur la robe sacrée et en l'arborant comme le labarum des prochaines victoires : *in hoc signo vinces !*

Oui, la Croix ! Pour avoir touché à un arbre maudit, l'humanité avait hérité de la mort, ce n'est qu'en s'abritant sous les rameaux de ce nouvel arbre qu'elle pourra reconquérir la vie ; c'est un dogme formulé par le Christ lui-même : « Si quelqu'un veut me suivre qu'il commence par prendre sa croix !... » Aux vrais soldats il faut un drapeau, voilà le nôtre !

Et quand, dans notre vallée d'exil, nous aurons mouillé cette croix de nos larmes, nous la reverrons, un jour, non plus douloureuse et méprisée, mais glorieuse et rutilante de lumière ! Alors, Seigneur, vos saints seront dans l'ivresse ; *exultabunt sancti tui in cubilibus suis*, ils bondiront sur leur couche ! Ce que le vulgaire nomme leur lit de souffrance, leur lit de mort ne sera qu'un marchepied radieux d'où ils s'élanceront vers le ciel.

Oh ! la belle, la douce espérance qui brille par delà la tombe ! Et puisque vous êtes le fondement et la raison de cette espérance, sang rédempteur ! Tunique Sainte ! Croix adorée ! soyez notre idéal pendant la vie, notre soutien à l'heure de la mort, notre récompense pendant l'éternité ! Amen ! Amen !!

Le salut qui suivit ce beau discours fut

exécuté par la maîtrise de Saint-Sulpice avec une réelle « *maëstria.* »

* * *

MAISONS-LAFFITTE, MESNIL-LE-ROI, PENSIONNAT SAINT-JOSEPH DE VERSAILLES, PAROISSES SAINT-GERMAIN-DES-PRÉS ET SAINT-MERRY DE PARIS.

Le jeudi 24 mai, toute la bonne ville d'Argenteuil était en émoi. Les braves paysans eux-mêmes retardèrent de quelques instants la cueillette de leurs fameuses asperges pour assister au défilé des pèlerins de Maisons-Laffitte et de Mesnil-le-Roi. Ce n'est pas que ces chers pèlerins se fassent remarquer par quelque costume exotique : ils sont bel et bien Français de mœurs et surtout de cœur, ils n'ont de remarquable que leur foi sincère, et c'est déjà quelque chose ; je dirai même que c'est la seule chose essentielle.

Mais ce jour-là ils avaient à leur tête la fanfare des Frères de Versailles qui jouait en guise de marche « *le Salut à la France* » et « *la Casquette* » avec un brio extraordinaire. C'était vraiment merveille de voir le joyeux entrain de ces braves petits tambours et de ces vigoureux petits clairons.

Ce début nous promettait une belle messe en musique et nous ne fûmes pas trompés dans notre attente. La maîtrise du pensionnat Saint-Joseph en effet exécuta la *messe brève* de Léo Delibes, puis à l'offertoire la fanfare, mettant une sourdine à ses instruments, joua avec une douceur infinie *L'Ange Gabriel de Morand*. La vigueur des cuivres et la sonorité des « caisses » se réveillèrent quand il s'est agi de *battre aux champs* à l'élévation et de jouer comme sortie : *la Croix d'honneur de Bléger*.

Même ensemble et même harmonie pour l'exécution des chants et des morceaux du salut. Le cantique de la Sainte Tunique accompagné par la fanfare et chanté par les 250 élèves des Frères, les pèlerins du matin et ceux des paroisses parisiennes Saint-Germain-des-Prés et Saint-Merry produisit un effet grandiose.

Nos sincères félicitations à M. Tournon, chef de la fanfare, et à M. Chastant, maître de chapelle, qui ont su transformer en artistes des enfants de 12 à 14 ans.

Cette journée, d'un caractère tout spécial, fut, comme celles qui l'ont précédée, une journée de prière, et ce fut M. l'abbé Le Ronne, premier vicaire d'Argenteuil, qui adressa la parole à ce nombreux auditoire.

Dans une improvisation qui toucha certainement les cœurs, et avec une remarquable facilité d'élocution, M. l'abbé Le Ronne sut trouver de frappantes similitudes entre l'histoire de la Sainte Tunique et la vie même de Notre-Seigneur Jésus-Christ.

« Appartenant au Christ comme membres de son Corps mystique, dit-il en substance, nourris de sa Chair adorable comme convives du banquet eucharistique, pèlerins de la Sainte Tunique, que venez-vous chercher ici, sinon un Christ qui parle plus directement à vos sens. Votre attente ne sera pas déçue, car le vêtement du Christ nous parle de l'humilité et de la charité de Celui qui a voulu que nous apprenions de Lui qu'Il est doux et humble de cœur ; et l'histoire de la Tunique sortie des mains de Marie, portée par Jésus dans ses divers états de vie, unie comme relique à la Croix du Sauveur, ramenée de la Perse à Constantinople, puis confiée à Charlemagne, ranime sous nos yeux la vie cachée du Christ. Depuis Charlemagne jusqu'à nos jours, la Sainte Relique nous retrace la vie publique du Sauveur. Portée dans les endroits menacés de peste ou d'autres fléaux, elle passe en faisant le bien ; visitée par une foi vive, elle ne cesse de faire sentir sa vertu bienfaisante en faveur de plusieurs ; témoin : nos trois miraculées de février dernier et bien des demandes d'actions de grâces. Il semble que par les fêtes de l'Ostension, nous ayons à tracer le début de la vie glorieuse du Christ. Il en sera ainsi, si les pèlerins, sans s'arrêter à une vaine recherche de curiosité, savent honorer davantage le Christ dans son humilité et sa bonté, se former sur ses exemples, et, se pliant aux nécessités des temps, rendre leur action sociale plus conforme aux principes évangéliques. »

SÉMINAIRE DES MISSIONS ÉTRANGÈRES ET COLOMBES

Nous sommes à l'aube du 25 mai. D'où vient donc ce frêle esquif dont la silhouette se dessinait à peine tout-à-l'heure dans les brouillards du matin et qui maintenant sillonne si gracieusement les flots de la Seine ? Quels sont donc ces joyeux passagers qui saluent avec tant d'enthousiasme les rives d'Argenteuil ? — Ils chantent ! et leurs voix se répercutent contre les pans de murailles qui bordent la vieille Séquane : rares et derniers vestiges de l'antique monastère. Ils chantent ! mais dans une langue inconnue aux peuples d'Occident. — Serait-ce quelque horde sauvage, descendue des froids pays du Nord et qui vient, comme les Normands du x⁰ siècle, ravager l'Ile-de-France ?

Rassurons-nous. Ce ne sont pas des barbares ; ce sont au contraire des civilisateurs, bien mieux, ce sont les pionniers mêmes de la civilisation, les séminaristes des missions étrangères en un mot ; et le refrain qui retentit sur les eaux n'est pas un chant de guerre ou de carnage, c'est l'*Ave Maria en langue chinoise*.

Les voici qui débarquent. On a dit que le visage est le fidèle miroir de l'âme. Si cette parole est vraie, elle doit être bien puissante la mâle énergie qui se cache sous les traits virils de ces futurs apôtres !

Ils ont voulu venir à leur tour vénérer la Sainte Tunique et puiser dans le sang même du divin Jésus le courage de verser le leur jusqu'à la dernière goutte pour le salut des âmes. Aussi quelle piété dans leurs prières ! quelle ferveur dans leur sainte communion ! quel vif désir du martyre sur ces fronts inondés de la parole calme et ardente de leur vénéré supérieur, M. Delpech ! quelle effusion d'âme dans ces baisers saintement passionnés qu'ils donnaient et prodiguaient à l'insigne Relique ! quels frémissements divins enfin faisaient frissonner ces jeunes hommes quand de leurs lèvres pures s'échappaient leur « *Chant du départ* », œuvre de Gounod, qui fut le digne couronnement de cette touchante cérémonie.

Nous ne pouvons résister au plaisir de citer quelques strophes de ce sublime cantique dont les accents avaient quelque chose de particulièrement émouvant, en présence de la Tunique ensanglantée du Roi des martyrs.

O Dieu, de tes soldats la couronne et la gloire !

Pour prouver ton amour, nous rendre la patrie,
Tu nous donnas ton sang, et ta chair et ta vie,
Et jusques à la mort tu fus obéissant.
Nos martyrs ont voulu te servir et te plaire,
Imiter ton amour, et te suivre au Calvaire.
    Ils ont pour toi donné leur sang.

Quel jour que celui-là, le grand jour du martyre,
Le jour qui donne au cœur ce que le cœur désire,

Qui brise l'esclavage et rend la liberté !
Le beau jour du combat que le triomphe achève.
Qui commence ici-bas sous le tranchant du glaive,
    Et finit dans l'éternité !

Quel jour que celui-là pour le missionnaire
Quand il peut faire enfin ses adieux à la terre,
Quand le bourreau lui crie : « Allons, c'est aujour-
[d'hui ! »
Quelle ivresse, ô mon Dieu, quel bonheur sans mé-
[lange !
Quand les yeux vers le ciel, il voit venir son ange
    Qui s'empresse au devant de lui !

La paroisse de Colombes s'est souvenue qu'elle tenait autrefois le premier rang dans les processions solennelles de la Sainte Tunique à travers les rues d'Argenteuil. Aussi l'après-midi de ce même jour, a-t-elle envoyé ses enfants de la première Communion et une nombreuse députation offrir ses hommages à la vénérable Relique.

Nous gardons le doux espoir que ces chers enfants et ces fidèles pèlerins se sont éloignés d'Argenteuil heureux de faire partie de cette *armée du bien* qui est l'œuvre des pèlerins et dont M. l'abbé Le Ronne a tracé toute la mission dans un éloquent discours. *Elle prie, elle expie ;* et, par là, elle devient pour ses membres d'abord, puis pour ceux qui la regardent passer, la seule et *véritable armée du Salut !*

« Acceptez donc, s'écrie l'orateur en terminant, acceptez la Sainte Tunique comme un bouclier que vous pouvez en toute confiance opposer aux foudres de la vengeance de Dieu irrité contre le péché. Elle rappelle au Père les mérites acquis par le Fils qui a pris sur Lui les misères du pécheur pour réconcilier l'homme avec Dieu.

« Prenez la Sainte Tunique comme un drapeau à la suite duquel vous marcherez sûrement à la victoire : *In hoc signo vinces,* pouvons-nous dire en montrant la Sainte Robe. Comme la Croix, elle nous rappelle que le Christ a combattu pour nous, qu'il combat avec nous, et que, malgré les humiliations et les ronces du chemin, il conduit au triomphe, conformément à ses affirmations : « *Il fallait que le Christ souffrît toutes ces choses pour entrer dans sa gloire.* »

« Pour assurer ces heureux effets, que la Sainte Tunique, si humble et si parfaite dans son tissu, si intimement pénétrée de la sueur de Jésus et si abondamment tachée de son sang, constitue notre livrée à nous, fidèles soldats et disciples du Maître dévoué qui a voulu que nous apprenions de lui à être « doux et humbles de cœur ! »

* *

LES PRÊTRES DE LA MISSION, SAINT-JEAN-SAINT-FRANÇOIS DE PARIS, NOTRE-DAME, DE PLAISANCE, MESNIL-SAINT-DENIS.

La Vérité commençait un article sur les fêtes d'Argenteuil par cette réflexion philosophique : « La puissance et la beauté du

Christianisme ne se manifestent jamais avec plus d'éclat que dans les temps de désordre.

« Au milieu de la nuit qui enveloppe la société, sa lumière toujours pure paraît plus brillante et plus douce ; dans la corruption générale, il découvre, il développe des germes de bien. Au doute il oppose une foi plus vive ; aux vices qui se multiplient, de plus sublimes vertus. A mesure que l'erreur monte et déborde, la vérité s'élève comme l'arche sur les flots et promet encore le salut au monde. »

Le 28 mai, les témoins de cette foi vive, de de cette sublime vertu et de cette vérité libératrice, furent les prêtres et les séminaristes de la Mission, suivis des fidèles de Saint-Jean-Saint-François, de Notre-Dame de Plaisance et du Mesnil-Saint-Denis. Ajoutons que leur témoignage fut éclatant, car les pieux pèlerins étaient nombreux autour de la sainte Relique, mystérieuse et sombre dans son cadre tout étincelant de pierreries et d'émaux.

**

DIOCÈSE DE MEAUX, ARCHIPRÊTRÉ DE RAMBOUILLET, DOYENNÉ DU RAINCY, SÉMINAIRE COLONIAL.

Un spirituel rédacteur de la *Croix* de Paris, Pierre l'Ermite, raconte d'une façon fort plaisante le pieux pèlerinage qu'il fit à la Sainte Tunique le 29 mai. Nous détachons de son article le récit de son arrivée à Argenteuil :

. . . .

« Et alors, je me dis : Faut aller voir comment les choses marchent à Argenteuil !...

« Je tirai ma montre : il était 3 heures ! Trop tard pour prendre le train 11 (le train de ses jambes, comme disent nos ouvriers).

« Donc, en route pour la gare ! J'avise un employé.

« — Argenteuil ?
« — 3 heures 30.
« — Merci !
« — Pas de quoi !

« Après ces effusions, j'arpente le quai, le nez au vent, me plongeant dans la lecture des réclames.... (Si je ne sais pas quel est le meilleur des cacaos, ce n'est pas faute de l'avoir étudié !)

« Tout à coup, un mouvement sur le quai..., toutes les têtes se retournent, et un groupe, pas banal du tout, fait son apparition, marchant lentement, cherchant son train, l'air un peu méfiant...

« Mais avec cela de bonnes figures coiffées de feutres noirs, une veste courte, et, à la boutonnière une médaille attachée par un petit ruban violet.

« Je me pariai à moi-même (je ne vous dis pas quoi), que c'était mon article qui commençait.

« Après quelques manœuvres savantes, j'abordai le groupe par tribord, en cherchant une entrée en matière un peu bien. Au bout de deux minutes de recherches, j'accouchais de celle-ci :

« — Fait un riche temps, aujourd'hui !...

« Le naturel me regarda un instant, puis, satisfait de son examen, il me répondit avec circonspection :

« — .... Dépend !.... mon bon Monsieur.... Dépend !....

« Juste à ce moment apparurent deux grands gaillards d'abbés, avec cette bonne figure de curés de province que j'aime tant à rencontrer. Ils vinrent droit à moi, leur large poigne ouverte.

« — Le train d'Argenteuil ?

« — Ah ! vous allez à Argenteuil !

« — Oui !

« — Et vous venez ?

« — De l'Ardèche....

« — C'est bien, çà ! Moi aussi, j'y vais, à Argenteuil. Je vais vous piloter.... Tenez.... Non ! pas ce compartiment-là, il est sur les roues ; prenons celui du milieu.

. . . .

« Argenteuil est transformé. Aux abords de la gare, une animation extraordinaire, un va-et-vient de voitures, de piétons qui arrivent ou qui repartent. L'administration des chemins de fer a agrandi la gare et multiplié les trains ; la diligence roule avec fracas, au milieu des petites rues tortueuses, les commerçants accourent sur le pas de leurs portes, curieux et joyeusement affairés ; on sent qu'une vie nouvelle, qu'un élan inaccoutumé a été communiqué à ce vieux pays, qui a conservé son bon caractère de campagne.

« Les trottoirs sont encombrés par des communautés, des pensionnats de jeunes filles. Voici, un immense groupe où je reconnais plusieurs curés de Seine-et-Marne. J'en intervieve d'autres de la plate-forme de l'omnibus. »

« — D'où êtes-vous ?
« — Pèlerinage de Meaux !
« — Conduit par qui ?
« — Par notre évêque, Mgr de Briey. »

C'était bien le diocèse de Meaux en effet qui venait ce jour-là offrir ses vénérations à la Robe sacrée du Sauveur.

Mais dès le matin de nombreux fidèles de l'Archiprêtré de Rambouillet et du doyenné du Raincy, conduits par leur clergé étaient arrivés dans l'Eglise d'Argenteuil, de telle sorte que vers dix heures les pèlerins étaient au nombre de cinq mille environ.

Cette immense assemblée a du reste été favorisée sous tous les rapports. Pendant le Saint-Sacrifice, Monseigneur de Briey tint chapelle et les élèves du pensionnat de Lagny exécutèrent, avec une science parfaite des nuances, une messe de l'abbé Moreau de Tours ; l'offertoire fut joué par l'excellente fanfare de l'Asile-Ecole de Vaujours.

Et puis l'éloquence vint prêter son concours

à la musique pour charmer les oreilles et élever les âmes.

Le matin, M. l'abbé Bernard, curé-archiprêtre de la cathédrale de Meaux, disait avec enthousiasme les gloires de la Robe-Dieu; et l'après-midi, après le chant des vêpres, M. l'abbé Boucher, curé-doyen du Raincy, saluait *dans la tunique inconsutile l'image de l'Eglise catholique*. Outrages, obscurcissement momentané, puis glorification : tel fut le sort du vêtement sacré, et telles sont aussi les différentes phases que l'Eglise de Dieu a traversées.

Dans sa péroraison, l'orateur a été admirablement inspiré : Elie remontant au ciel, dit-il, a laissé son manteau à son disciple Elisée et lui communiqua en même temps trois précieuses vertus : le zèle, la force et le don des miracles. — Nous aussi dans les plis de cette Tunique sainte, nous recueillerons une activité nouvelle pour accroître le règne de Dieu, une constance plus grande dans son service, et des énergies plus puissantes pour accomplir dans notre vie chrétienne de merveilleux progrès.

* * *

ORPHELINAT SAINT-PHILIPPE DE FLEURY-MEUDON, PETITS CLERCS D'ISSY, PETIT ORATOIRE SALÉSIEN.

C'était un spectacle des plus édifiants que celui de toute cette jeune assistance, autour de la relique sacrée, le 30 mai.

Le recueillement qu'inspire la foi se lisait

sur tous ces visages d'adolescents; les chants exécutés à la messe et aux vêpres avaient sensiblement ce même caractère. *Ex ore infantium perfecisti laudem.* Que cette journée encore a dû être agréable au divin Ami des enfants !

* * *

DOYENNÉS DE POISSY, DE MARLY-LE-ROI, ENGHIEN, CHAVILLE, MORSANG, SAVIGNY, VIRY-CHATILLON, FRÈRES MARISTES DE PLAISANCE.

Le jeudi 31 mai comptera certainement parmi les plus belles journées de l'Ostension, foule immense, ordre parfait, chants délicieux, recueillement profond : tout concourut à la grandeur et à la solennité de cette religieuse manifestation.

A 9 heures les distingués paroissiens d'Enghien, ayant à leur tête leur cher pasteur M. l'abbé Dacheux, entendent la sainte Messe puis un fort beau discours de M. l'abbé Piermé : « Tunique sainte du Sauveur, demande l'orateur, toi contre les fibres de laquelle a battu le Cœur sacré de Jésus, parle à nos âmes ! dis-nous les sentiments qui animèrent la Vierge qui te tissa et le Dieu qui te porta. »

Puis l'éloquent vicaire d'Enghien se fait le porte-parole de la Sainte Robe, et retrace avec émotion les événements et les sentiments dont la Tunique auguste fut le silencieux témoin : larmes et joies de la Virginale Tisseuse, — miracles de miséricorde et de tendresse et d'amour du Rédempteur pour les Samaritaine, les Madeleine et les Judas, — sainte indignation du Christ contre les hypocrites Pharisiens, — enfin dévouement jusqu'au sang et jusqu'à la mort du Verbe de Dieu pour l'humanité entière : Tels sont les faits merveilleux que nous lisons dans les mailles serrées de la Robe du Christ.

Et M. l'abbé Piermé termine en souhaitant que la France entière vienne puiser dans *cet évangile nouveau* les maximes qui font les grands peuples et les saintes nations !

A peine les pèlerins d'Enghien ont-ils commencé le défilé devant la Sainte Relique que six pèlerinages arrivent à la fois, Marly-le-Roi, Chaville, Morsang, Savigny, Viry-Chatillon et enfin Poissy.

Un jour, un roi de France fit trêve aux bruyantes chevauchées et aux rudes batailles ; il déposa dans l'Abbaye de Saint-Denis, son épée, sa couronne et son sceptre, puis il gagna le petit bourg d'Argenteuil. Là, il eut la joie de vénérer l'insigne Robe de Jésus-Christ, et son bonheur fut grand, si grand même qu'il voulut demeurer plusieurs jours auprès de la Tunique ensanglantée.

Or ceci se passait pendant le carême de l'année 1255 ; et le roi qui fit ce pieux pèlerinage a trois noms également glorieux : l'Eglise l'appelle Saint Louis, l'histoire Louis IX, et lui-même se souvenant du lieu de son baptême aimait à signer : *Louis de Poissy.*

Nous sommes heureux de constater qu'à Poissy on a le culte des souvenirs et la mémoire de l'âme. Ce que fit il y a six siècles leur illustre concitoyen, les habitants de Poissy le firent le 31 mai. Ils vinrent nombreux à l'église d'Argenteuil et entendirent la sainte Messe, dite par M. le doyen de Marly, avec une piété tendre qui faisait songer à celle du saint Roi.

Et le soir nous les retrouvions encore au pied de la chaire de vérité, entourant leur cher et zélé pasteur, M. l'abbé Dubois, et avides de savoir l'Histoire de la Sainte Robe.. Un tableau merveilleux traversait notre imagination. Nous revoyions par la pensée, dans la chapelle de l'antique monastère d'Argenteuil, le fils de Blanche de Castille entouré de sa cour et attentif au récit naïf que dut lui faire un vénérable religieux d'alors.

Mais ici le narrateur n'était plus un moine du Moyen-âge ; c'était M. le curé de Villepreux qui sut satisfaire la pieuse curiosité de son nombreux auditoire en retraçant *l'histoire de la Sainte Relique* depuis le moment où, assise au bord d'une fontaine limpide, à l'ombre de quelque haut palmier, la Vierge Mère tissait le vêtement de son Bien-Aimé, jusqu'à ce jour dans lequel nous retrouvons la Sainte Robe entourée des vénérations du XIXe siècle.

6.

Le discours de M. l'abbé Mélinge n'est pas un sermon, tant il est parsemé de poëtiques images ; c'est un long poème chanté à la Robe sanglante du Sauveur et à *l'âme chrétienne*, qui, sortie toute neuve des mains de l'Eglise, puis déchirée et souillée par le péché, a plus d'un trait de ressemblance avec la Tunique inconsutile de Jésus.

Deux pèlerinages inattendus vinrent clore cette délicieuse journée. Ce fut d'abord le pensionnat des Frères Maristes de Plaisance ; puis un groupe d'industriels de Tourcoing. — Ceux-ci n'étaient que trente. Mais en quittant M. le Curé d'Argenteuil qui avait voulu lui-même leur faire vénérer la Sainte Relique, ils lui laissèrent cette parole qui réjouit grandement le cœur du zélé Pasteur : « Nous ne « sommes que l'avant-garde des ouvriers du « Nord. » C'était le 10 juin que nous devions voir paraître la vigoureuse et vaillante armée !

* * *

SAINT-FRANÇOIS-DE-SALES ET ASNIÈRES.

Le vénéré Curé de Saint-François-de-Sales a voulu que les cérémonies de la première communion de sa paroisse se terminassent devant la Sainte Relique d'Argenteuil. C'est le divin « Ami des Petits » qui lui inspira sans doute cette heureuse pensée, car jamais ces enfants n'oublieront les touchantes paroles que leur adressa M. l'abbé Richard, vicaire de Saint-Philippe du Roule ; toujours ils reverront en esprit *cette foule élégante et croyante* prosternée devant la Robe sans couture ; toujours ils se souviendront du « *Crucifix de Faure* » si magistralement exécuté par le chœur artistique de leur paroisse. Et ces souvenirs à la fois doux et puissants garderont dans la vie ces âmes fraîches et tendres : reliquaires merveilleux, ciselés par la grâce divine et qui renferment Celui-là même que couvrit la Sainte Tunique.

Le lendemain, 2 juin, la paroisse d'Asnières députa quelques pèlerins à Argenteuil.

*
* *

CONGRÈS ET PÈLERINAGE DE L'ASSOCIATION CATHOLIQUE DE LA JEUNESSE FRANÇAISE, CERCLE MONTPARNASSE.

Dans une immortelle tragédie, un grand poète chrétien, Henri de Bornier, met sur les lèvres du vieux Charlemagne cette parole pleine de pensée :

..... J'ai vu toujours dans ma rude carrière
Que l'arme la meilleure est encor la prière.

La prière est donc « l'arme la meilleure » ; mais le grand Empereur savait parfois unir à la puissance de l'oraison la redoutable force de sa fière *Joyeuse*.

De même, les membres de l'Association de la Jeunesse française qui sont aujourd'hui les *bons sergents de Jésus-Christ*, ne se contentent pas de prier pour la France et la société ; mais ils agissent avec toute la vigueur de leur jeune âme pour améliorer l'état social actuel, ils travaillent avec tout le zèle de leur cœur généreux au relèvement moral de la patrie. En un mot à la prière ils savent unir l'action.

Aussi, dès qu'il s'est agi de l'Ostension de la Sainte Tunique, le Comité de l'Association songea à organiser un congrès d'œuvres à Argenteuil même. — Ce congrès eut lieu les 1er et 2 juin, puis il se termina le 3 juin, par un brillant pèlerinage de la Jeunesse française.

Le succès du congrès fut complet, grâce sans doute au zèle de ceux qui en prirent l'initiative, mais grâce surtout à la précieuse bénédiction que Monseigneur l'Evêque de Versailles (le premier évêque qui ait approuvé l'Association) daigna envoyer aux Congressistes et à leurs travaux par l'aimable lettre que voici :

A Monsieur Henry Martin, vice-président de l'Association de la Jeunesse française.

Rosny, 31 mai 1894.

« Monsieur,

« J'ai été heureux d'apprendre que *l'Association catholique de la Jeunesse française* avait choisi cette année Argenteuil pour y tenir sa réunion générale, pendant le temps consacré à l'Ostension de la Sainte Tunique de Notre-Seigneur, s'associant ainsi aux sentiments de foi que nous nous proposions d'exciter et qui ont déjà produit de si grandes et si pieuses manifestations. Appréciant toujours, comme je l'ai fait dès le commencement, l'esprit de fidélité à l'Eglise et de progrès chrétien qui vous anime, je regarde la réunion que vous projetez comme un évènement heureux, et je serai de cœur au milieu de vous, priant Dieu d'inspirer vos travaux et de bénir tous ces jeunes hommes d'intelligence et de foi qui se groupent autour du vêtement sacré dont le souvenir et le culte sont si étroitement liés à la personne adorable de Notre-Seigneur Jésus-Christ, Celui que notre désir commun est de voir régner de plus en plus dans les cœurs, dans les institutions et les lois de notre pays.

« Veuillez agréer, Monsieur et cher diocésain, l'assurance de mes sentiments affectueusement dévoués en N.-S. J.-C.

« † PAUL, *Evêque de Versailles.* »

Ce paternel encouragement n'était qu'un prélude des bénédictions divines. C'est au pied de l'autel, en effet, que commença chaque journée de travail et c'est là, dans l'assistance au saint sacrifice de la Messe, que les jeunes gens puisèrent la lumière et le dévouement dont ils firent preuve dans l'étude des questions mises à l'ordre du jour.

Fournir à l'ouvrier les renseignements administratifs qu'il ignore, « lui servir de plume et de boussole » selon l'humoristique expression d'un conférencier : tel est le but des *Secrétariats du Peuple,* et telle fut aussi la première œuvre discutée. Nous devons à la vérité de dire que M. Houdard de Clichy a fait preuve en cette matière d'une compétence incontestable.

Les lectures de l'ouvrier ont fourni à M. Berga de Versailles l'occasion de signaler les services rendus par les 3,000 volumes de ses *bibliothèques roulantes* dans 42 localités, soit de Seine-et-Oise, soit de départements voisins.

M. Thibierge, vice-président du Conseil central de Versailles, a vivement engagé les directeurs d'œuvres de jeunesse à s'affilier aux *conférences de Saint-Vincent de Paul* afin de bénéficier des indulgences spécialement accordées à cette société.

Le *patronage* de l'enfance a surtout passionné les Congressistes. Il serait trop long de retracer ici les rapports circonstanciés, les délicates petites industries, les raffinements de zèle et de charité que nous a révélés la mosaïque composée par M. Deschamps, vice-président du Patronage d'Argenteuil, à l'aide des mille et un fragments fournis par les différents Patronages de la banlieue parisienne.

Notons en passant la discussion qui s'est élevée, au sujet de la messe paroissiale pour les enfants, entre M. l'abbé Piermé d'Enghien,

M. l'abbé Subtil de Bellevue, d'une part; et M. l'abbé Rassat de Clichy, M. H. Martin, d'autre part : discussion fort vive mais très courtoise et du reste parfaitement amicale.

Le congrès se termine par deux intéressantes études : l'une sur les *cercles chrétiens d'étude sociale*, présentée par M. H. Martin, et l'autre, sur la fondation d'un *Comité régional* chargé de relier ensemble tous les groupes de l'Ile-de-France. Ce dernier projet est adopté et le comité provisoire constitué.

Mais c'est autour de la Sainte Tunique qu'il fallait voir, le dimanche 3 juin, ces mêmes associés de la Jeunesse française unis à leurs frères du Cercle Montparnasse ! Ils étaient venus, guidés par le drapeau national, clôturer officiellement leur congrès et prouver à tous que seule la prière est la source de l'action féconde !

Un banquet fraternel fournit à ces vaillants jeunes gens l'occasion de se dire un affectueux « au revoir ». Les RR. PP. Tournadre, le Tallec, Lallour et Clair s'étaient empressés de répondre à l'invitation de M. le comte R. de Roquefeuil, président de la Jeunesse française. La vibrante parole de M. l'abbé Naudet couronna et résuma les toasts portés tour à tour par MM. Paul Desbois, président de la conférence Saint-Eugène d'Argenteuil, de Roquefeuil, H. Martin et Reverdy, vice-présidents de l'Association.

« ... Quand les gladiateurs descendaient dans l'arène, s'est écrié en terminant le vigoureux directeur de la « *Justice sociale* », ils saluaient avant de mourir l'impérial César. Mais quand les Chrétiens paraissaient dans le Colisée, ils passaient fièrement devant l'empereur, croisant les bras sur leur poitrine et ne s'humiliant que devant Dieu qui donne la palme aux martyrs. Or, nous sommes chrétiens ; nous ne devons donc courber le front devant personne, Jésus-Christ seul est notre roi ; et si vous voulez, jeunes gens, faire quelque chose de votre vie, il faut passer dans le monde sans vous inquiéter de de ce qu'on pense *à droite* ou de ce qu'on dit *à gauche*, préoccupés seulement de faire pénétrer Jésus-Christ jusqu'à l'âme du peuple. Que ce soit là le but commun de nos efforts.

« Quand on veut faire entrer un coin d'acier dans un tronc d'arbre, on frappe énergiquement celui-là, on le frappe encore, on le frappe toujours... et l'acier fait son œuvre et le bois éclate !... De même, si nous voulons faire passer Jésus-Christ dans les masses (et il faut qu'Il y passe) nous devons mettre dans nos actes la morale de Jésus-Christ — dans notre cœur l'amour de Jésus-Christ — sous notre plume et sur nos lèvres la doctrine de Jésus-Christ ! Si nous faisons cela, Messieurs, nous accomplirons notre devoir individuel et social... et si nous tombons avant d'avoir remporté la victoire, les Juifs et les Francs-maçons trouveront encore les pierres de nos tombeaux pour leur barrer le chemin ! Donc, vive notre seul Maître ! notre seul Roi ! Vive Jésus-Christ ! ! ! »

* * *

DIOCÈSE DE CHARTRES, SAINT-DENIS-LA-CHAPELLE, NEUILLY-SUR-MARNE, SAINTE-CLOTILDE-DE-PARIS, CLICHY, FOURMIES.

La voix de Notre-Dame (voix éloquente s'il en fut) a raconté les douces émotions que les pèlerins du diocèse de Chartres ressentirent auprès de la Robe sainte du Sauveur.

« En 1893, lisons-nous dans son numéro du 9 juin, un groupe d'habitants d'Argenteuil venait, sous la conduite de deux prêtres de leur paroisse, faire un pèlerinage à N.-D. de Chartres ; cette année, des habitants de Chartres se rendaient à leur tour à Argenteuil pour le pèlerinage à la Sainte Tunique. Ici, le précieux vêtement de la Sainte Vierge qui toucha sans doute bien des fois le Divin Enfant, et qui est devenu le « Trésor de la basilique chartraine » ; là, le précieux Vêtement de Notre-Seigneur, tissé par les mains mêmes de Marie, devenu le « Trésor de l'église d'Argenteuil ! » Ce rapprochement de faits et de souvenirs suffirait pour provoquer les relations entre les deux villes ainsi privilégiées; il est bon d'aller de l'une à l'autre pour goûter de pieuses jouissances qui ont entre elles maintes analogies. »

Aussi, le 4 juin, les Chartrains sont-ils venus au nombre de 345 à Argenteuil, sous la conduite de M. le Chanoine Roussillon, secrétaire-général de l'Evêché. Là, ils se rencontrèrent avec l'élite des paroisses de Saint-Denis-la-Chapelle, de Neuilly-sur-Marne, de Sainte-Clotilde et de Clichy. Tous prièrent avec le même cœur, tous vénérèrent l'insigne Relique avec la même tendresse, tous enfin écoutèrent avec la même piété la parole touchante de M. l'abbé Canuel ; si bien que ce fut pour ces compagnons d'un jour une véritable peine de se séparer en s'éloignant du Vêtement sacré de N.-S Jésus-Christ.

A peine le pèlerinage de Chartres avait-il quitté l'église d'Argenteuil, que le vaillant Curé de Fourmies venait, suivi de vingt-cinq ouvriers, présenter à la Sainte Tunique les hommages de ses paroissiens. Il était vraiment beau le spectacle offert par ces hommes, prosternés devant le Saint Vêtement et demandant à Jésus, pour eux et pour leurs frères, la patience, le courage et surtout la foi qui donne l'un et l'autre.

* * *

PAROISSES NOTRE-DAME, SAINTE-ELISABETH ET SAINT-SYMPHORIEN DE VERSAILLES, DIOCÈSE D'EVREUX, DOURDAN, SAINT-PIERRE-DE-MONTROUGE.

Il était tout naturel que la ville épiscopale

tînt un rang digne d'elle-même dans la longue manifestation religieuse dont Argenteuil fut le théâtre.

Déjà, l'église-cathédrale avait amené un flot de pieux pèlerins à la fête mémorable du 22 mai dernier.

Le 5 juin, les paroisses Notre-Dame, Sainte-Elisabeth et Saint-Symphorien de Versailles envoyaient un millier de fidèles auprès de l'insigne Relique.

Nous avons dit que Poissy s'était souvenu de Saint-Louis; il est juste d'ajouter que Versailles s'est souvenu de Louis XIII, monarque remarquable dont nous connaissons mal la grande piété et qui avait pour la Robe-Dieu une vénération faite d'amour et de respect.

Tandis que M. l'abbé Lanceleux, curé de Saint-Symphorien, célèbre la Sainte Messe, les prières de la foule montent émues vers le Ciel, et de la tribune des grandes orgues descendent d'abondantes cascades d'harmonie : c'est la maîtrise de Notre-Dame qui exécute avec une science parfaite la *Messe du Sacré-Cœur*, de Gounod.

Aux paroisses de Versailles, auxquelles s'était jointe celle de Dourdan, succède le pèlerinage d'Evreux, organisé par le comte de Maistre et conduit par M. le Chanoine Fillion, vicaire-général.

A l'issue de la messe célébrée par M. l'abbé Lenormand, doyen du Chapitre, M. le

Chanoine Amette, archidiacre de Pont-Audemer, monte en chaire.

Dans un discours tout apostolique, il montre comment la Sainte Tunique est *un souvenir* touchant entre tous, puis *un symbole* plein d'utiles leçons et de précieux encouragements.

La voix de l'orateur est surtout vibrante d'émotion quand, dans une belle péroraison, après avoir prié pour l'Eglise, pour la France et pour le diocèse d'Evreux, il s'écrie :

« Christ Jésus, nous vous prions pour nos prêtres, représentés ici par une légion d'élite. Ah ! ils se font rares, nos prêtres, trop rares pour les âmes qui les réclament : daignez les multiplier, Seigneur, et en attendant, pour suppléer au nombre, augmentez en eux le zèle et la sainteté ! Un père de l'Eglise a dit de vous, ô Christ, que vous êtes la grande tunique des prêtres : *Christus magna sacerdotum tunica* ; revêtez-nous de plus en plus de vos vertus, afin qu'en nous voyant, les peuples vous reconnaissent et vous glorifient. Gardez toujours sans souillure la robe de notre sacerdoce ; s'il y faut des taches, comme sur la vôtre, que ce soient, nous le voulons bien, les taches de notre sang, mais de grâce, qu'il n'y en ait jamais d'autres !

« Nous vous prions pour nos vierges, pour ces âmes pures qui vous sont consacrées, soit qu'elles veillent près de vous dans le recueillement du cloître, comme Gisèle et Théodrade veillaient ici près de votre Sainte Tunique, soit qu'elles se dévouent à vous servir au milieu du monde, en la personne des pauvres, des malades ou des enfants. Protégez-les, Seigneur, afin qu'elles continuent d'accomplir, dans la sécurité et dans la liberté, ces deux ministères, également nécessaires, de la prière et de la charité !

« Nous vous prions pour toutes les familles qui peuplent notre diocèse... Ah ! si tous nos foyers pouvaient ressembler à celui de Nazareth, d'où est sortie votre Sainte Tunique !... Du moins que toutes les mères, imitant Marie, travaillent, elles aussi, à tisser pour leurs enfants une tunique, la tunique de la foi et des habitudes chrétiennes, qui aille grandissant avec eux comme on dit que grandissait la vôtre, et qui les accompagne jusqu'au trépas !

« Nous voulons Vous prier spécialement aussi pour nos ouvriers, dont votre vêtement si pauvre nous rappelle la vie humble et laborieuse. Préservez-les, Seigneur, de se laisser égarer par ceux qui ne flattent et n'exaltent leurs passions que pour les exploiter. Qu'ils comprennent toujours que Vous restez leur véritable ami comme Vous avez voulu être leur modèle ; qu'ils viennent chercher auprès de Vous la force de supporter leur dure condition et les espérances capables de l'adoucir !

« Nous Vous prions, enfin, ô Jésus, pour tous les fidèles ici réunis. Vous lisez dans leurs cœurs tous leurs légitimes désirs : exaucez-les ! Aux jours de votre vie mortelle, il s'échappait de vos vêtements une vertu merveilleuse qui guérissait toute infirmité. Du sein de votre vie glorieuse, communiquez encore à votre Tunique Sainte cette même vertu bienfaisante et toute puissante. S'il ne vous plaît pas de la faire sentir aux corps malades ou débiles, exercez-la du moins sur les âmes ! Que nulle ne sorte de ce sanctuaire sans être meilleure et plus vaillante, plus résolue à garder désormais immaculée la robe de son baptême, si souvent lavée dans votre sang, et à l'orner sans cesse de nouveaux mérites, afin qu'elle se transforme un jour en un vêtement de gloire éternelle ! »

La cérémonie du soir, à laquelle prit part la paroisse Saint-Pierre de Montrouge, emprunta un cachet peu commun aux deux heureux événements qui se la partagèrent : un magnifique sermon, puis une visite bien *significative*.

La visite fut celle du Nonce Apostolique Monseigneur Ferrata, qui voulut donner lui-même le salut solennel, pendant lequel la maîtrise de Notre-Dame de Versailles chanta les plus beaux motets de son répertoire. Annonçant la veille à Monseigneur de Versailles son intention de venir vénérer la Relique d'Argenteuil, Mgr Ferrata lui écrivait ces mots gracieux que nous nous faisons un plaisir de transcrire : « Je suis heureux de féliciter bien vivement Votre Grandeur des concessions obtenues du Saint-Siège et des succès extraordinaires et bien consolants dont sont couronnés, grâce à Dieu, les nobles et généreux efforts qu'Elle a faits pour rehausser le culte de la Sainte Tunique. »

Quant au sermon, il fut l'œuvre de M. l'abbé Jacquemot. Avec cette parole claire, incisive et convaincue qui le distingue, le savant historien « MIT DÉFINITIVEMENT AU POINT LES TÉMOIGNAGES » qui nous garantissent l'authenticité de la Vénérable Relique.

Ces témoignages sont puisés à trois sources absolument différentes : *la Légende, la Tradition, l'Histoire.*

1° *La Légende.* — L'orateur fait remarquer, que pendant les premiers siècles de l'Eglise, les chrétiens étant en butte aux persécutions des peuples et des empereurs païens, le silence se fit naturellement sur les Reliques. « N'empêche que les fidèles gardaient jalousement caché dans leurs maisons ce qui pouvait *constater* et développer la gloire et la vérité du Roi qu'ils servaient. »

Puis aux braves gens qui viennent lui dire : « Mais enfin, vous ne nous donnez point une suite ininterrompue de documents sérieux dans votre histoire de la Relique », M. l'abbé Jacquemot répond avec une pointe d'ironie qu'il n'a pu fournir des actes notariés des trois premiers siècles par la raison fort probante qu'il n'y avait point alors de notaires.

L'Histoire de la Sainte Tunique durant cette époque ténébreuse est donc l'œuvre de la légende, ou mieux des légendes, car il y en a deux en présence ; l'une, puisée dans les manuscrits de la bibliothèque de Moscou, nous vient des monastères grecs. (1)

L'autre vient d'Occident, du pays latin. D'après celle-ci, ce serait Pilate lui-même, qui, mandé par Tibère, aurait acheté à l'heureux soldat la Robe sanglante, et s'en serait revêtu pour paraître devant le farouche empereur et apaiser de la sorte la colère de celui qui l'accusait d'avoir traité le Christ avec trop de douceur.

Laquelle de ces légendes est vraie ? Toutes les deux sont-elles inventées de toutes pièces ? Ce sont des questions à étudier. — Mais qu'importe après tout ! Ces légendes elles-mêmes, vraies ou fausses, nous témoignent que, dès le commencement de notre ère, les chrétiens étaient préoccupés de la Tunique du Sauveur.

2° *La Tradition.* — La tradition ne s'appuie pas sur des écrits, mais elle prend sa source dans la conscience humaine. Or, que nous dit la tradition ? Elle nous témoigne de deux choses ; la première, c'est que la Tunique inconsutile fut faite par la Vierge Marie pour son divin Fils ; et la seconde, c'est que ce

---

(1) Cette légende moscovite a été exposée par le R. Père Ollivier, le premier jour de l'Ostension. — *Conf.*, page 44.

vêtement tissé pour Jésus-Enfant, grandit avec l'Homme-Dieu.

« En somme, remarque le puissant logicien, la tradition nous met en présence d'un fait et d'un miracle. Nous n'avons pas à examiner le miracle ; mais quant au fait il est indiscutable.

La Sainte Robe, d'après la matière dont elle est faite, la couleur dont elle fut teinte, d'après le métier à l'aide duquel elle a été tissée, *est certainement une œuvre du premier siècle.*

De plus, autrefois en Orient comme aujourd'hui du reste, il appartenait à la femme de fabriquer elle-même les vêtements de son époux et de ses enfants ; d'autre part, il y a deux ans, la manufacture nationale des Gobelins déclarait que la Tunique d'Argenteuil était d'*une merveilleuse délicatesse de facture.* Hier encore, 4 juin, les tisseurs de Tourcoing, maîtres en la matière, ajoutaient que « *ce travail avait été fait par une main incomparable.* » Que faut-il donc encore pour conclure que cette main incomparable fut celle de la Vierge Marie ?

3° *L'Histoire.* — Ici la tâche de l'orateur est facile, et, sans la moindre difficulté, il prouve qu'aucune Relique au monde ne possède plus de témoignages historiques que la Robe sans couture.

Au vɪe siècle, Grégoire de Tours et Frédégaire la saluent comme la « compagne de la Croix ». Puis, sous Charlemagne, elle fut apportée de Constantinople à Rome, de Rome à Aix-la-Chapelle, enfin d'Aix-la-Chapelle à Argenteuil, où nous la vénérons encore aujourd'hui.

Voilà une belle page ajoutée à l'Histoire de la vénérable Relique ! Puisse-t-elle dissiper les nuages légers qui obscurcissent encore quelques esprits mal éclairés ! C'est, nous n'en avons jamais douté, le plus vif désir et le seul objectif du savant historien de la Sainte Tunique.

**

ARCHIDIOCÈSE DE RENNES. — SAINT AUGUSTIN DE PARIS. — SÉMINAIRE DE SAINT-SULPICE ET D'ISSY.

Les Bretons aiment leur pays : c'est un fait incontestable ; ils l'aiment à ce point que les beautés et les merveilles des autres contrées ne sauraient captiver leur admiration. Pour les Rennois, par exemple, aucun arc-de-triomphe n'est comparable à la porte Mordelaise, aucune église ne peut rivaliser en élégance avec la cathédrale Saint-Pierre.

Il en est de même des habitants de Saint-Malo : si vous rencontrez un compatriote de Châteaubriand, ne lui parlez pas de paysages frais et ombreux, de profondes perspectives montagneuses : il ne vous écouterait point ; mais parlez lui de la mer, « de la grande bavarde » comme on dit là-bas, parlez lui du *sillon* dont le sable argenté scintille aux rayons du soleil et dont les grandes vagues murmurent sans cesse un éternel et mélancolique refrain, alors vous verrez la bonne figure du Malouin s'épanouir et ses yeux s'illuminer.

Enfin, les Bretons sont tellement attachés à leur vieille Armorique, qu'obligés de la quitter ils en souffrent toujours, parfois même ils en meurent.

Mais à côté de ce puissant amour du pays, il y a dans l'âme bretonne un plus puissant amour de Dieu, et, par conséquent, une profonde vénération pour les lieux que Jésus et Marie ont comblés de leurs faveurs. C'est pourquoi chaque année l'archidiocèse de Rennes envoie des pèlerinages à Lourdes, à la Salette, à Paray-le-Monial, à Pontmain, à Montmartre. C'est pourquoi, le 6 juin, nous avons vu devant la Sainte Tunique de nombreux fidèles venant de tous les points de l'Ille-et-Vilaine, et presque tous reçurent avec une édifiante piété la Sainte Communion des mains de M. l'abbé Duver, curé de Saint-Germain de Rennes.

Dans la matinée de ce même jour, quelques pieux pèlerins, accompagnés de leur vénéré pasteur, vinrent offrir à la Robe-Dieu, les hommages de la paroisse Saint-Augustin de Paris.

L'après-midi, l'Eglise d'Argenteuil recevait les Séminaristes de Saint-Sulpice et d'Issy.

Qui donc, mieux qu'un prêtre, autrefois élève de Saint-Sulpice, peut faire le récit de ce dernier pèlerinage ? — Aussi laissons-nous la plume à M. l'abbé Duroy de Bruignac.

« Déjà, écrivait-il dans la *Semaine religieuse*

du 10 juin, lorsque le lundi de la Pentecôte commencèrent à affluer les pèlerins, les habitants d'Argenteuil manifestaient tout haut leur étonnement de voir passer un si grand nombre de soutanes. Aussi, que ne disaient-ils pas mercredi, en voyant arriver cette communauté de plus de quatre cents prêtres ou séminaristes, les deux maisons de Paris et d'Issy réunies, débarquant à Argenteuil sous la conduite de leurs directeurs ?

« Extraordinaire pour Argenteuil, ce pèlerinage l'était bien un peu aussi pour le Séminaire : la difficulté de déplacer une communauté si nombreuse, l'inconvénient d'interrompre, dans sa silencieuse et féconde régularité, la vie de retraite et de travail qui, d'année en année, conduit aux ordinations successives et fait gravir les degrés du sanctuaire, — tout cela forcément ne laisse pas s'établir à Saint-Sulpice la coutume des grands pèlerinages. Mais la Sainte Tunique a levé tous les obstacles.

« Que les libres-penseurs, en voyant ces légions sacerdotales, bondissent de rage et se plaignent que la graine n'en soit pas morte, — nous autres bénissons Dieu, qui dans nos jours de lutte multiplie les vocations et dont la Providence amenait hier au cher sanctuaire d'Argenteuil cette élite de la France chrétienne ! N'est-ce pas l'élite en effet que cette réunion de jeunes gens, choisis dans chaque diocèse, et venus puiser la vie sacerdotale au foyer même d'où en partirent il y a deux siècles les plus éclatants rayons? Monseigneur l'Evêque de Versailles, au début de son allocution, a noblement signalé ce caractère : « Je salue en vous l'avenir du clergé de France, et sans pouvoir soulever pour chacun le voile des destinées providentielles, je puis entrevoir et saluer déjà les évêques, les orateurs, les docteurs, les apologistes, qui pour la génération suivante seront au premier rang des défenseurs de l'église. »

« Monseigneur, en effet, après avoir donné la Confirmation à Rueil, avait tenu à se trouver avec le pèlerinage sulpicien. — Arrivés quelque temps avant Sa Grandeur, ces Messieurs s'étaient rendus immédiatement à l'église. On chante les cantiques du Sacré-Cœur et de la Sainte Tunique, puis tous viennent vénérer le vêtement sacré, faire toucher quelques objets de piété à la châsse qui le renferme, exciter leur zèle en contemplant un instant l'auguste relique de la Passion du Sauveur.

« Vers deux heures et demie, Monseigneur est reçu solennellement à l'entrée de l'église et conduit au trône, où il entonne les Vêpres pontificales. Il est assisté de M. l'abbé Monnier, supérieur du Séminaire des Carmes, et de M. l'abbé Sire, professeur d'Ecriture sainte. MM. Captier, supérieur général, Bieil, directeur du Séminaire Saint-Sulpice, et tous les autres directeurs, occupent les stalles du chœur. Les Séminaristes font les cérémonies et une attention délicate a confié à des Versaillais les fonctions de porte-insignes. — Ce chant des vêpres produit une grande impression : le parfait ensemble de toutes ces voix sûres d'elles-mêmes, le soin à faire ressortir le sens des paroles, la pieuse modulation des antiennes suivant ce rythme délicat sans mollesse, rapide sans précipitation, dans lequel Dom Pothier a fait retrouver l'ancien caractère des mélodies grégoriennes, et cela mesuré pour conserver au chant l'ampleur proportionnée à celle du vaisseau, — tout enfin donne l'impression du vrai.

« Les vêpres terminées, Sa Grandeur monte en chaire. Après avoir, comme nous le disions tout à l'heure, signalé le caractère particulier du pèlerinage, puis, d'un mot affectueux, rappelé des liens personnels, la cordiale hospitalité de l'ancien supérieur de la Procure à Rome, la constante sagesse de son ancien élève à l'Esquille, l'amitié d'un vieux camarade, — Monseigneur, sans vouloir faire un sermon, se borne à raconter comment se sont formées dans son esprit les convictions profondes de l'authenticité de la Sainte Tunique, depuis le jour où volontiers il eût dit avec saint Thomas : *Nisi videro non credam*, jusqu'à celui où compulsant les titres, examinant le tissu, touchant les restes encore conservés du sang divin, il baisait avec vénération ce souvenir si personnel du Christ en disant comme l'apôtre : *Dominus meus et Deus meus.* C'était, sous une forme vivante, rappeler tous les fondements de notre tradition. — Enfin, le salut du Saint-Sacrement a terminé cette fête.

« N'omettons pas cependant un détail intéressant : après la cérémonie, quelques-uns de ces Messieurs s'étant réunis au presbytère, la conversation tomba sur le voyage tout récent de M. l'abbé Vigouroux en Palestine, et le savant orientaliste nous déclara qu'il venait d'entendre avec un extrême intérêt le récit de l'étude faite à la manufacture des Gobelins sur un morceau de la Sainte Tunique, les observations consignées alors concordant exactement avec les conclusions des recherches faites par lui-même dans ce dernier voyage, sur les métiers et les procédés de tissage dans les environs de Nazareth.

« Voilà donc encore une bonne journée, dont nous voulons remercier Dieu, et remercier aussi ceux qui, en venant vénérer la Sainte Tunique, ont présenté au Sauveur comme une députation de toute la France. »

* * *

ARCHIPRÊTRÉ DE MANTES, DOYENNÉS DE SÈVRES, DE MONTFORT-L'AMAURY, D'ARPAJON, DE GONESSE, VILLIERS-LE-BEL, CHAMBLY (OISE), VILLEJUIF, SCEAUX, SAINT-PAUL-SAINT-LOUIS DE PARIS, AUTEUIL, PASSY, SAINT-MICHEL-SUR-ORGE.

Pendant qu'une véritable flotte débarquait sur les rives de la Seine 450 pèlerins d'Auteuil, puis 900 pieux passagers fournis par le canton de Sèvres, des trains spéciaux venant de toutes les directions : de Mantes, de Saint-Michel-sur-Orge, d'Arpajon, de Gonesse, de Chambly (Oise), de Montfort-l'Amaury, de Villiers-le-Bel, de Passy, de Villejuif, de Sceaux déversaient dans Argenteuil plusieurs milliers de voyageurs auxquels vinrent se joindre, le soir, les paroissiens de Saint-Paul-Saint-Louis de Paris, si bien qu'une fois encore, l'Eglise de la Sainte Tunique se trouva trop petite pour contenir ses visiteurs.

Aussi, les prières et les offices ne discontinuèrent-ils point, les messes solennelles se succédaient d'heure en heure au maître-autel, tandis qu'à la chapelle de la Sainte-Vierge, un prêtre était sans cesse occupé à donner la sainte Communion. Tantôt, le Rosaire était récité avec cette foi vive qui perce à travers les « *Ave Maria* » ; — tantôt, la parole zélée des différents directeurs de pèlerinages ranimait la piété des fidèles, élevait les âmes et réchauffait les cœurs. — Tantôt, les processions circulaient lentement au chant des cantiques de la Sainte Tunique. Enfin, c'était un croisement incessant d'invocations ferventes, de refrains enthousiastes, et de chaudes allocutions ; et ce beau désordre, effet, non de l'art, mais de la dévotion, faisait songer à ces délicieuses soirées de Lourdes, toutes pleines de lumières, de chants et de prières.

M. Jules Caffot, le Maître de Chapelle de Mantes, avait composé pour la circonstance *une messe fort belle,* que la maîtrise de Mantes, aidée de quelques artistes-amateurs, a du reste exécutée avec une rare perfection, tandis que M. l'Archiprêtre célébrait le saint Sacrifice.

Quant au discours de M. l'abbé Félix Périé, il a produit sur l'auditoire une très vive impression.

La Robe inconsutile de Notre-Seigneur est une RELIQUE VÉNÉRÉE DANS LE PASSÉ, — ELLE EST NOTRE GLOIRE DANS LE PRÉSENT, — ELLE EST L'ESPOIR DE NOTRE SALUT POUR L'AVENIR. — Tels sont les différents points que développa le premier vicaire de Mantes devant un auditoire compact qui savourait chacune des paroles tombant de la chaire de vérité.

Nous devons malheureusement nous borner à ne citer qu'un passage de ce beau discours. Mais le moment où l'orateur fut le plus éloquent, le moment où il toucha cette corde sensible que tout homme porte en soi, et qui vibre chaque fois qu'un accent du cœur vient l'effleurer, ce fut quand il chanta l'espérance que l'Ostension de la Sainte Relique doit faire naître dans les âmes catholiques et françaises : « La France, s'est-il écrié, la France ne peut pas périr ! La France ne périra pas ! car j'aperçois, plus haut que les blasphèmes, déployée, entre elle et Dieu, la Sainte Tunique de Notre-Seigneur, et la

Sainte Tunique sera le rempart où s'émousseront les traits de la justice divine !

« Et comment Dieu n'épargnerait-il pas les coupables en faveur des innocents ? Comment Dieu ne serait-il pas désarmé par l'autre France (par la vraie France en somme), par celle qui croit, qui espère, qui adore, et qui, depuis bientôt un mois, a regardé la Tunique sacrée, qui est tombée à genoux devant elle, qui l'a arrosée de ses larmes, couverte de ses baisers, comblée de ses témoignages, et qui, ses deux mains jointes, l'élève en priant, vers le ciel ! Comment Dieu ne tiendrait-il pas compte de ces sacrifices accomplis, de ces pénitences embrassées, de ces absolutions recherchées, de ces communions reçues, de ces adorations prosternées jour et nuit au pied des saints autels ! Comment Dieu ne serait-il pas vaincu par ces innombrables pèlerinages, venus des quatre vents du ciel de la patrie et où s'est donné rendez-vous l'élite des paroisses de toute la France.

« Ils sont venus quatre cent mille, ô mon Dieu, les catholiques Français ! Quatre cent mille ! ce n'est pas assez pour Vous honorer comme Vous le méritez, mais c'est assez pour remporter la victoire, car si pour dix justes Vous eussiez épargné Sodome, ô Seigneur, nous avons rempli les conditions pour faire descendre les pardons opulents de votre antique miséricorde ! »

* *

ŒUVRES DE NOTRE-DAME DU SALUT, COLLÈGE DE VAUGIRARD.

Les RR. PP. Augustins de l'Assomption tinrent à accompagner la délégation des *Œuvres de Notre-Dame du Salut* auprès de la Sainte Tunique et ils vinrent nombreux célébrer la sainte Messe dans l'église d'Argenteuil, le vendredi 8 juin.

L'après-midi du même jour, le collège de Vaugirard, conduit par les RR. PP. Jésuites, vint à son tour protester de sa foi en la Sainte Tunique et de son fervent amour pour Jésus-Christ.

Après un magnifique défilé dans la ville pendant lequel la fanfare du collège exécuta le « *Pas redoublé* » de Sellenick, les jeunes pèlerins firent une station sur la place de l'église, et à l'ombre des drapeaux qui ornent le portique du temple, la musique joua « *les Cuirassiers de Reischoffen* » de Chaissaigne, puis, à peine arrivés devant la Sainte Tunique, les orgues, les bois et les cuivres saluèrent l'auguste Relique par la « *Marche Pontificale* » de Gounod. C'était merveilleux de nuances et d'ensemble, et M. Robyns, chef de la fanfare, a le droit d'être fier de ses élèves.

Le R. P. de Salinis fit ensuite avec une grande clarté l'historique du précieux trésor d'Argenteuil et sa parole fut entendue avec cette attention soutenue, cet affectueux intérêt qui honorent à la fois et l'élève qui écoute, et le maître qui parle. Un salut solennel chanté par la maîtrise du Collège, sous la direction du R. P. Comoglio, termina ce pèlerinage, mais ne clôtura pas cette journée qui réservait encore une grande joie au vénéré pasteur et au clergé de la paroisse d'Argenteuil.

*
* *

CONFÉRENCE POPULAIRE SUR LA SAINTE TUNIQUE

Dès le dimanche 3 juin, on ne pouvait faire dix pas dans Argenteuil, sans apercevoir sur les murs des affiches ainsi conçues :

Vendredi 8 Juin 1894, à 8 heures du soir
DANS L'ÉGLISE D'ARGENTEUIL

Grande Conférence Populaire

SUR LA

Tunique sans couture de N.-S. Jésus-Christ

PAR

l'Abbé JACQUEMOT
Auteur de l'Histoire de la Sainte Tunique

Les hommes sont tout spécialement invités à cette réunion

Comme bien l'on pense, l'opinion publique s'était vite emparée de cette nouvelle, et les commentaires allaient leur train.

Les uns, catholiques pour la plupart, mais catholiques qui ne songent qu'à leur salut personnel, et qui oublient que *sauver les autres, c'est se sauver soi-même*, blâmaient fort M. le curé d'Argenteuil d'avoir projeté une semblable réunion : « Ah ! s'il s'agissait de grouper des citoyens pour les entretenir de leurs intérêts communs, à la bonne heure ! Mais convoquer des ouvriers pour leur parler de la Sainte Tunique, mais afficher sur tous les murs de la ville le nom de Jésus-Christ, vous n'y pensez pas ! Vous n'aurez personne ! Ce sera un *four complet !!!* »

Les autres, au contraire, ceux qui connaissent mieux l'âme du peuple, ceux dont l'œil exercé devine, sous la rude écorce du travailleur, une âme sensible aux attraits de la religion catholique, à la parole divine et au nom sacré du Sauveur, ceux qui comprennent que la classe ouvrière à notre époque est brûlée du désir de s'instruire, et qu'il faut du *divin* pour combler les lacunes que l'instruction sans Dieu laisse dans l'esprit des ouvriers, ceux-là étaient pleins d'espoir pour le succès de la réunion populaire, et, vive Dieu ! leur espérance n'a pas été déçue, leur attente n'a pas été trompée !

A huit heures un quart, en effet, pendant que les jeunes gens du patronage groupés autour de l'orgue chantaient un cantique à la Sainte Tunique, des hommes de toutes les classes de la société : médecins, cultivateurs en blouse, conseillers municipaux, bureaucrates, fonctionnaires de tout rang, ouvriers en cotte et en bourgeron, entraient par groupes dans la vaste nef qui bientôt se trouva remplie.

Sans aucune exagération 1500 hommes au moins étaient là, avides de savoir l'histoire de la Sainte Tunique, curieux de connaître la cause de ce mouvement inaccoutumé qui agitait la ville depuis un mois.

1500 hommes étaient là, les uns recueillis, les autres distraits il est vrai, mais tous silencieux et pleins de respect. 1500 hommes étaient là qui furent instruits par la parole claire, habile et vraiment populaire de M. l'abbé Jacquemot.

1500 hommes étaient là, qui tressaillirent d'émotion quand le conférencier, justifiant le culte des reliques, leur posa cette question : « Dites-moi, vous qui avez perdu une femme bien-aimée ou un enfant chéri, vous qui ne possédez comme souvenir de ces êtres aimés qu'une petite photographie jaunie par la lumière et que vous ne vendriez pas cinq centimes à l'Hôtel des ventes, dites-moi, que feriez-vous au brutal qui viendrait arracher ce papier de vos mains et le mettre en pièces sous vos yeux ? »

Ils étaient là 1500 hommes qui chantaient timidement d'abord, puis avec un entrain empoignant :

> Salut ô Tunique sacrée !
> A toi que porta le Sauveur,
> De sang divin tout empourprée,
> Gloire à jamais, amour, honneur !

Ils étaient là 1500 hommes enfin qui défilèrent devant le saint Vêtement du *divin Ouvrier* de Nazareth ! Et, pendant que M. le Curé lui-même leur présentait à baiser le petit reliquaire contenant une parcelle de la Robe sacrée, voici qu'un contre-maître d'usine s'avance tout ému vers l'heureux pasteur, et lui serrant la main : « Ah ! Monsieur le Curé, dit-il, voilà votre plus beau triomphe ! » — « Mon cher ami, répond M. le chanoine Tessier, dites donc le triomphe de la Sainte Tunique !... Est-ce qu'un homme est quelque chose en de semblables manifestations divines ? »

Ils étaient là 1500 hommes enfin qui ricanaient peut-être hier, en voyant passer les longues théories de pèlerins, et qui désormais, parce qu'ils ont entendu et compris l'abbé Jacquemot, regarderont avec pitié les sans-cœur qui se moquent des reliques et de ceux qui les vénèrent !

Monsieur l'Abbé, vous avez écrit de belles pages sur la Tunique sans couture de Jésus-Christ et je salue en vous le puissant historien ! — Vous avez parlé de belles paroles durant l'Ostension du Vêtement sacré et je salue en vous le brillant orateur ! — Mais le soir du 8 juin, vous avez ému l'âme du peuple, vous avez touché les fibres les plus intimes de son cœur, vous avez réveillé sa foi endormie, et je salue en vous l'Apôtre de la vérité, l'Apôtre dévoré de la soif des âmes ! !

* *

DIOCÈSE DE VALENCE, SAINT-LAMBERT DE VAUGIRARD, SAINT-JEAN DE DIEU, SAINTE-ENFANCE DE VERSAILLES.

Les pèlerins de la Drôme et particulièrement de Valence arrivèrent dès le matin du 9 juin à Argenteuil. A les voir si alertes, si nombreux à la sainte Table et si attentifs au sermon que leur fit M. le chanoine Trouillat, directeur du Pèlerinage, on oubliait volontiers qu'ils venaient de passer une nuit en chemin de fer. Ils étaient heureux, car ils voyaient enfin réalisé un rêve caressé depuis longtemps : Valence en effet fut une des premières villes qui eussent adhéré à l'Ostension de la Sainte Tunique.

A 10 heures, arrivèrent à la fois Saint-Lambert de Vaugirard, le pensionnat de la Sainte-Enfance de Versailles, puis les Frères de Saint-Jean de Dieu avec leur nombreuse famille *d'incurables.* Que le divin Maître dut être touché des hommages que lui offrirent les Frères de Saint-Jean de Dieu, ces nouveaux Christs qui sont littéralement les yeux des petits aveugles, les oreilles des sourds, la voix des muets, et les membres des paralytiques !

Que le bon Jésus dut être content de voir sa Sainte Robe baisée et entourée par ces chers petits enfants, que la nature a si cruellement disgraciés, que la société rejette de son sein, mais que la charité chrétienne a si généreusement recueillis pour en faire des catholiques d'abord, puis des artistes incomparables.

Cette assertion paraîtra sans doute invraisemblable à ceux qui n'ont jamais entendu l'harmonie des Frères de Saint-Jean de Dieu.

Mais « le vrai peut quelquefois n'être pas vraisemblable », et c'est le cas ou jamais. Sous la direction de M. Alf. Josset, dont la renommée née d'hier est déjà grande, ces jeunes infirmes ont exécuté le joli programme suivant, pendant la Messe du Pèlerinage :

Marche religieuse de Lohengrin (Wagner).
Vision de Jeanne d'Arc (Alf. Josset).
Rêverie (Schumann).
Andante du Trio en mi ♭ (Beethoven).
Les triomphes du Christ (Alf. Josset).

La Vision de Jeanne d'Arc a surtout produit un merveilleux effet. Tandis que les musiciens rassemblés dans le chœur jouaient une sorte de symphonie très douce, très mélancolique, traduisant bien la prière naïve et les extases mystérieuses de la bergère de Domrémy, de temps en temps, du haut des tribunes, tombaient des appels de trompettes, lointains d'abord, et qui, se rapprochant peu à peu, finissaient par éclater en notes stridentes auxquelles répondait l'orchestre tout entier : c'était le Colloque de Jeanne avec ses saintes ! Et la foule était comme perdue dans un nuage d'harmonie, tout chargé de vibrantes sonorités et de vapeurs mélodieuses.

Le soir, les musiciens du matin étaient partis..., mais il restait des musiciennes non moins remarquables et des voix délicieuses avec lesquelles ne peuvent rivaliser les instruments les plus parfaits : Je veux parler des jeunes filles de la Sainte Enfance de Versailles.

Ce sont elles qui chantèrent le salut du Saint-Sacrement, et il nous a suffi de les entendre quelques minutes pour savoir qu'à la Maison-Mère de Versailles, les religieuses de la Sainte-Enfance savent mêler l'utile à l'agréable, la science musicale à la culture intellectuelle. Jamais nous n'oublierons la pureté, la délicatesse, les mille nuances de cette voix angélique qui chanta le *Panis Angelicus* de Franck. Toujours, nous nous souviendrons de l'*Ave Maris Stella* exécuté avec un ensemble si parfait et un sentiment religieux si profond.

A leur tour, les religieuses de Versailles n'oublieront pas l'affable réception qui leur fut faite par leurs *Sœurs* d'Argenteuil.

Du reste, toutes les communautés d'Argenteuil se sont distinguées, durant l'Ostension, par une large générosité. — A toutes donc, nos sincères félicitations pour la gracieuseté avec laquelle elles ont offert « *le pain et le sel* » aux heureuses mortelles qui trouvèrent abri sous leur toit hospitalier.

CHAPITRE VII

CLOTURE OFFICIELLE DE L'OSTENSION

Regrettez-vous le temps où l'Eglise de Dieu, aimée, vénérée, respectée, voyait les fidèles accourir en foule dans ses temples merveilleux? Regrettez-vous le temps où tous les cœurs vibraient à l'unisson, dans l'harmonie des mêmes sentiments parce que tous les cœurs étaient pleins du même amour de Dieu? Regrettez-vous, comme le poète, le temps :

> Où, sous la main du Christ, tout venait de renaître ;
> Où le palais du prince et la maison du prêtre,
> Portant la même croix sur leur front radieux,
> Sortaient de la montagne en regardant les cieux :
> Où Cologne et Strasbourg, Notre-Dame et Saint-Pierre,
> S'agenouillant au loin dans leurs robes de pierre,
> Sur l'orgue universel des peuples prosternés,
> Entonnaient l'hosanna des siècles nouveau-nés ;
> Le temps où se faisait tout ce qu'a dit l'histoire ;
> Où sur les saints autels les crucifix d'ivoire
> Ouvraient des bras sans tache et blancs comme le lait ;
> Où la Vie était jeune, — où la Mort espérait ?

Si vous regrettez l'époque bénie où l'on adorait ce qu'on brûle aujourd'hui, où les grandioses manifestations de la foi chrétienne faisaient courir sous les voutes de nos vieilles basiliques l'irrésistible frisson d'un saint et doux enthousiasme, — sachez que les pèlerins d'Argenteuil ont vécu, le 10 juin, *une journée de ce temps-là.*

* * *

Dès le matin, le temple de la Sainte Tunique recevait une vaillante phalange de cinq cents pèlerins. Leur allure noble, avenante, à la fois énergique et douce, disait assez qu'ils venaient des Flandres : c'était en effet la députation du diocèse de Cambrai, conduite par M. le chanoine Carlier, vicaire général, et par M. l'Archiprêtre de Lille.

Quelque temps après, quatre cents fidèles du diocèse de Châlons, portant fièrement leurs insignes, venaient se joindre à leurs frères du Nord.

C'est au milieu de cette foule imposante, composée d'hommes en majeure partie, que Nos Seigneurs les Evêques de Versailles, de Nancy et de Blois font leur entrée solennelle à dix heures précises. Aussitôt commence le très-saint Sacrifice ; M. l'abbé Dutilliet chante la grand'messe, pendant laquelle Sa Grandeur Monseigneur Turinaz tient chapelle pontificale.

Mais voici que tout-à-coup un merveilleux prélude se fait entendre,... puis, tandis que les harpes font tomber de leurs cordes sonores des cascades d'harmonie, tandis que les violons, les altos, les violoncelles, les flûtes, les clarinettes, les cors et les hautbois jettent dans l'air des flots de mélodie, les élèves des Frères de Passy chantent avec une science consommée des nuances et un accord irréprochable la *messe de Sainte-Cécile* de Gounod ; et l'œuvre de l'illustre Maître, traduite par 200 exécutants, se déroule merveilleuse de maesté, tantôt pleine d'une puissance qui empoigne et fait vibrer les âmes, tantôt empreinte d'une douceur et d'une délicatesse exquises, tantôt fougueuse comme l'enthousiasme des prophètes et des martyrs, tantôt calme et sereine comme une rêverie qui se perd en Dieu !...

Après le chant de la messe, les trois prélats vont, en semant les bénédictions sur les fidèles qui se pressent sur leur passage, vénérer la sainte et insigne Relique.

* *

A deux heures et demie, commencent les vêpres pontificales, chantées par Sa Grandeur Monseigneur Laborde, évêque de Blois; Monseigneur l'Evêque de Versailles assiste en *cappa* sur le trône opposé, et Monseigneur Turinaz au *faldistorium*.

Après le *Magnificat*, M. l'abbé Garnier monte en chaire, puis, avec cette ampleur d'accent et cette chaleur de conviction qui le distinguent, il adresse le beau discours suivant à ces pèlerins-ouvriers du Nord qu'il connait et qui le connaissent :

Redemisti nos, Domine, in sanguine tuo.
« Seigneur, vous nous avez rachetés
par votre sang ! »

MESSEIGNEURS (1), MES FRÈRES,

Qu'elles sont grandes les choses qui s'accomplissent à Argenteuil depuis un mois ! Comme je comprends l'émotion sainte qui a passé sur notre pays, et qui pousse vers cette terre privilégiée des foules sans cesse plus nombreuses ! Comme je comprends l'empressement que vous avez mis à venir aujourd'hui apporter le tribut de votre foi, de votre reconnaissance et de vos espoirs à la Sainte Tunique !

Comme je comprends, pèlerins du Nord, que je salue du fond du cœur, la joie que vous éprouvez à vous joindre à nous pour rendre à Notre-Seigneur Jésus-Christ le témoignage de notre impérissable fidélité ! Comme je comprends votre piété et votre amour, vous tous pèlerins isolés, venus de tous les points de la banlieue et de la capitale ! Et vous, chers zouaves pontificaux, mes bien-aimés frères d'armes, que je suis si heureux de retrouver dans cette circonstance solennelle, on sait, mais on ne saura jamais trop, combien vous avez été admirables dans cette garde d'honneur que vous avez organisée, dans ces nuits d'expiation et de sacrifice que vous avez multipliées en cette église !

Oui, je comprends tout cela, car il s'agit de la personne adorable du Fils de Dieu fait homme. En honorant son vêtement, en effet, ce vêtement qui a abrité son cœur, qui a reçu, le jour de sa passion, les gouttes de son sang, c'est à Notre-Seigneur lui-même que s'adressent les sentiments de reconnaissance et de vénération dont nous constatons en ces jours bénis l'éclatant témoignage. Aussi avez-vous compris à votre tour que le but de ce pèlerinage n'est pas seulement d'honorer la Sainte Tunique, mais

(1) Mgr Goux, évêque de Versailles ; — Mgr Turinaz, évêque de Nancy ; — Mgr Laborde, évêque de Blois.

encore et surtout de prier près d'elle. C'est pourquoi il va sortir de cette Robe ensanglantée des masses de bénédictions particulières.

MONSEIGNEUR,

Permettez-moi de répéter ici vos consolantes paroles. Vous disiez tout à l'heure que, depuis quelques semaines, le nombre des grâces obtenues par les Pèlerins de la Sainte Tunique était incalculable. Vous ajoutiez même que deux cents au moins de ces bienfaits sont de véritables miracles, à l'examen desquels s'intéresse soigneusement l'autorité ecclésiastique. Et tandis que vous parliez, Monseigneur, avec cette onction qui charme vos auditeurs, je me prenais à penser : Mais pourquoi donc la rosée du ciel ne tombe-t-elle pas plus féconde sur cette terre d'Argenteuil? Pourquoi les miracles n'y sont-ils pas plus nombreux? Pourquoi? — Parce que, dans l'âme des chrétiens qui se succèdent devant cette insigne Relique, il n'y a pas assez de piété, de sincère ferveur !

Mes Frères, il en est temps encore, priez avec ardeur, avec les sentiments d'humilité et de confiance qui forcent la main de Dieu et en font descendre des pluies de merveilles. Avant de quitter cette église, venez saluer la Sainte Tunique et demander toutes les grâces dont vous avez besoin. Mais la grâce que je vous prie surtout d'implorer, c'est la grâce du salut : « Vous nous avez rachetés, Seigneur, par votre sang ! »

Nous avons besoin d'être rachetés ; nous ne pouvons nous sauver nous-mêmes, ni au point de vue temporel, ni au point de vue spirituel. Nous entendons quelquefois prétendre que l'homme est bon, que ses instincts sont honnêtes, que c'est par hasard qu'il succombe, et que, par conséquent, la religion est inutile. Eh bien ! il faut retirer de cette ostension une conviction profonde de *la nécessité de la rédemption.*

Aujourd'hui, en effet, nous avons besoin de la Rédemption comme il y a deux mille ans.

Les âmes n'ont pas la foi ; elles la perdent chaque jour davantage. Où donc trouveront-elles la grâce du salut ? En Jésus tout seul, car seul il est le *Rédempteur des individus*.

D'autre part, il y a longtemps qu'on se plaint d'une indifférence qui menace de laisser tout disparaître. Malgré le concours des hommes et des choses, on n'a rien trouvé jusqu'ici qui pût enrayer le mal ; les efforts les plus prolongés n'ont abouti qu'à une situation plus lamentable que jamais. On a pu sauver le monde autrefois par la Rédemption ; aujourd'hui il est impossible de régénérer la France, si nous ne revenons pas à Jésus, *car Jésus-Christ est l'unique Rédempteur des sociétés*.

I

Mes Frères, pour bien vous faire comprendre la première de ces deux vérités, je voudrais simplement examiner quel était l'état du pays que vous habitez, d'Argenteuil et des lieux circonvoisins, il y a deux mille ans.

On n'y connaissait même pas le vrai Dieu. On adorait le ciel, la lune, les étoiles, l'eau, le feu, le vent, le tonnerre, les animaux eux-mêmes. « Tout était dieu, comme l'a dit Bossuet, excepté Dieu lui-même », et dans cette situation, les mœurs présentaient le spectacle le plus triste ; elles s'alliaient à une férocité, à une dureté que nous avons peine à nous imaginer.

Savez-vous, par exemple, quel était alors un des plaisirs les plus appréciés du monde romain ? C'était celui de voir paraître dans le cirque des gladiateurs qui s'égorgeaient entre eux, ou bien luttaient contre des fauves qui les mettaient en lambeaux ; et cela se passait sous les yeux des hommes *libres* qui applaudissaient aux beaux coups.

Ce n'est pas tout ; les neuf dixièmes du genre hu-

8

main étaient réduits à l'esclavage le plus abject, le plus bestial. L'esclave, c'était une espèce de bête de somme qu'on avait le droit de battre, de faire mourir dans les plus cruels tourments, sans qu'une puissance supérieure pût s'interposer en leur faveur. Les orateurs les plus distingués prétendaient que l'esclave appartenait à une espèce toute spéciale envers laquelle tout était permis ; et, de cette conception, découlaient les conséquences les plus lamentables. Un homme riche pouvait posséder jusqu'à dix ou vingt mille esclaves qu'il tuait, quand il jugeait leur constitution trop faible, quand ils étaient malades, quand ils étaient vieux, en deux mots, quand il y trouvait son intérêt ou son plaisir. Le plus souvent, il les faisait jeter dans des viviers, sous prétexte que le poisson nourri de chair humaine est d'une saveur plus délicate. Voilà le cas que le monde païen faisait alors de la vie de l'homme et de la liberté !

Qui donc a changé tout cela ? Qui a donné au monde la liberté ? Qui a fait respecter la dignité humaine ? Qui a appris aux hommes que les esclaves avaient une âme ? Qui a courbé le front des maîtres sous la loi de la justice et de la charité ? Qui leur a suggéré l'idée qu'ils devaient considérer les esclaves comme leurs frères, les protéger, les aimer, se dévouer pour eux ? — C'est Jésus-Christ !... Lui seul peut revendiquer l'honneur d'avoir transfiguré la face de la terre.

Qui donc nous a donné une place au soleil de la Société, au soleil des institutions destinées à nous protéger ? Qui donc a fait naître l'amour du petit, le zèle pour soutenir le faible et pour organiser les institutions destinées à améliorer son sort ? C'est Jésus-Christ !... Et comment a-t-il fait ?

Nous étions, mes Frères, réduits en esclavage parce que le démon était notre maître, parce que le démon régnait sur les cœurs, imposant ses volontés au monde, déchaînant sur lui toutes les turpitudes, toutes les bassesses, toutes les ignominies ; parce que la notion du bien et la notion du devoir n'éclairaient pas de leur jour bienfaisant ce chaos où le propriétaire d'esclaves, seul, avait des droits qu'il n'exerçait qu'au profit de ses passions. Voilà pourquoi la classe ouvrière était réduite en esclavage. Que dis-je ? Même les personnes libres n'étaient que des esclaves délivrés, car la liberté véritable n'existait pas.

Jésus est venu, qui nous a délivrés du péché : « Je paierai la rançon des coupables, et je veux que ceux-là m'appartiennent qui sont les opprimés. J'ai travaillé comme eux, comme eux j'ai eu les mains calleuses et me suis contenté souvent d'une nourriture modeste ; *les ouvriers sont à Dieu.* » Oui, Jésus, vous avez fait cela, et vous avez mérité d'être l'ami des ouvriers, l'ami de la France, l'ami du monde, puisque vous avez sauvé le monde entier.

Mais comment Jésus a-t-il sauvé le monde ? Il a sauvé le monde en donnant pour lui son sang, nous le savons ; mais n'est-il pas vrai, mes Frères, qu'en venant dans cette église, en vous approchant de ce vêtement, vous avez mieux compris la réalité de notre sainte Religion.

Ce vêtement tissé avec la laine dont nous nous servons, il a été fait par la main de Marie, Marie la Mère de Dieu, Marie notre Mère à tous ; c'est elle qui l'a donné à son Fils ; c'est elle qui nous apparaît ici, par conséquent. Jésus lui-même nous apparaît : Il a donc porté des vêtements comme nous ! Il a donc vécu comme nous ! Il a donc souffert comme nous, et cela pour nous sauver ! Oui, *Jésus nous apparaît ici plus homme, plus semblable à nous.*

Voilà le Véritable Jésus ! Voilà le Véritable Rédempteur qui a versé sur les âmes humaines, avec son sang divin, des grâces de salut et des flots de liberté ! !

II

Rédempteur des individus, le Christ Jésus l'est encore des sociétés.

C'est un fait malheureusement incontestable que la France retourne peu à peu vers la barbarie.

Savez-vous, par exemple, que le nombre des crimes dans notre pays a grandi dans des proportions véritablement effrayantes depuis un demi-siècle? D'après les chiffres officiels, il y a cinquante ans, nous comptions en France soixante-dix mille suicides ou homicides; aujourd'hui, on en compte plus de deux cent quarante-sept mille! On en est revenu à faire fi de la vie humaine!

Et pourquoi cela? Parce qu'on ne respecte plus les lois de Dieu sans lesquelles il n'y a pas de civilisation possible. Ce sont comme les deux plateaux d'une balance où se trouveraient d'un côté la barbarie, de l'autre la civilisation : quand la civilisation est moins complète, la barbarie gagne tout ce que l'autre a perdu ; et il est incontestable qu'un mouvement a lieu dans le sens du retour vers la barbarie, par suite du mépris où l'on semble tenir ce qu'il y a de plus nécessaire au bonheur des nations.

Dans ces derniers temps on a multiplié les industries ; elles semblaient bien conçues, mais il est écrit : « *Sans moi vous ne pouvez rien* » et c'est Jésus qui l'a dit. Si le Seigneur n'aide pas à bâtir la maison, il n'y a pas de régénération possible, d'amélioration sérieuse. Vous pourrez croire réussir ; attendez quelque temps... et vous verrez que votre maison n'était pas bâtie sur la *pierre* qui seule est la bonne.

Il faut absolument revenir à Jésus-Christ! Entendez-le bien, ô vous, hommes qui vous préoccupez des questions sociales, et qui êtes effrayés de l'état de votre pays! Vous qui avez prétendu améliorer le sort de la France uniquement en y répandant l'instruction à profusion. Oui, si cette instruction avait été inspirée des principes de l'Evangile, elle eût été le point de départ de la régénération désirée par tous ; mais qu'avez-vous fait ? Vous avez réussi à faire méconnaître Jésus de ceux-là mêmes que sa doctrine seule est capable d'apaiser et de fortifier au milieu des tribulations de la vie sociale.

Oh ! je ne veux ici jeter l'anathème à personne ; mais, en vérité, on a besoin de se retenir quelquefois en constatant les causes premières des maux que nous voyons. Ceux qui portent la responsabilité de ces maux, ce n'est pas à moi de les maudire : l'œuvre néfaste qu'ils poursuivent est condamnée et maudite d'avance.

Quant à nous, catholiques, disons hautement : « Jésus est notre Rédempteur ; nous avons besoin de lui parce que notre nature a été viciée par le péché originel ; elle nous porte au mal, c'est de notre propre fonds que le mal est sorti. Sans Jésus, sans sa grâce, nous ne pouvons pas nous relever ; allons donc à Jésus pour puiser en Lui les forces qui nous sont nécessaires. »

Non ! l'homme n'est pas bon par nature ; ce sont là des mensonges, des contre-vérités démenties tous les jours par les faits. Ce qui est vrai, c'est que Jésus peut nous sauver comme Il l'a fait autrefois ; c'est que son sang suffit à régénérer, à relever toutes choses : familles, société, mœurs privées, institutions publiques ; il suffit à produire dans la France entière les mêmes courants de foi qui se sont produits ici et qui régénèreront notre pays.

L'œuvre d'Argenteuil du reste n'est pas la seule qui ait pour but la régénération chrétienne de la France. N'avez-vous point remarqué qu'il s'est produit sur d'autres points de notre territoire : à Montmartre, à La Salette, à Lourdes, à Paray-le-Monial et dans d'autres lieux, un mouvement semblable à celui-ci. Là aussi, les foules se portent en masse afin de voir Jésus plus connu et plus aimé, afin de travailler par la prière à l'accomplissement de la Rédemption sociale.

Que chacun de nous se dévoue donc corps et âme à cette œuvre. Que chacun de nous se fasse l'Apôtre de Jésus-Christ. Mêlons, mêlons nos sueurs, nos souffrances et nos sacrifices, aux sueurs, aux souffrances et aux sacrifices du divin Sauveur, et bientôt, nous verrons régner dans notre cher pays le bien-être, le progrès, la fraternité, la liberté, qui sont les conséquences naturelles de la civilisation chrétienne.

Voilà donc la résolution que vous emporterez de votre visite à Argenteuil, et dès aujourd'hui vous contribuerez à bâtir de nouveau cette immense maison qui s'appelle la France. Chacun de nous peut y apporter sa pierre, et les pierres peuvent être aussi nombreuses que possible.

Vous vous rappellerez la leçon que vous venez de recevoir ici, et, avant de quitter cette église, il faut donner à Notre-Seigneur Jésus-Christ un témoignage éclatant de notre volonté, de notre intrépidité, de notre dévouement absolu dans le service de sa cause. Il faut que nous lui disions : Jésus, vous voulez gagner la France, la ramener à vous, eh bien ! nous serons vos instruments, vos soldats. — Jésus, ami des ouvriers, vous ne voulez pas repousser cette classe ouvrière qui s'est détournée de vous ; vous lui pardonnez d'avance parce qu'on l'avait trompée. — Aussi, c'est à la classe ouvrière que nous donnerons votre enseignement pour la sauver.

Mes Frères, voulez-vous que tous ensemble devant Dieu et devant les hommes, nous proclamions les sentiments qui nous animent en ce moment. Le voulez-vous ?...

(*L'auditoire tout entier donne de vives marques d'assentiment.*)

Il y a huit jours, j'obtins devant un auditoire encore plus nombreux, que tous les assistants voulussent bien se lever et promettre à Notre-Seigneur de travailler au triomphe de sa divine doctrine. C'était dans l'église du vénéré cardinal de Rodez. Là, quatre mille hommes s'écriaient dans l'ardeur de leur foi : « Vive Jésus ! Vive Jésus !! Vive Jésus !!! » comme autrefois nos pères : « Dieu le veut ! Dieu le veut !! » Car il faut comprendre que c'est une véritable croisade qui commence.

Mes Frères, nous allons faire quelque chose de semblable, et ensuite nous demanderons à Nos Seigneurs les Evêques, de bénir ces paroles et ces résolutions ; et, dans la personne des trois Prélats qui sont venus, par leur présence, rehausser l'éclat de cette solennité, nous verrons l'Episcopat tout entier, ayant à sa tête le Souverain Pontife et nous encourageant à continuer dans cette voie tracée par le Rédempteur lui-même.

Mes Frères, je vous demande donc de vous lever tous, de tendre la main droite et de répéter avec moi : Amour à Jésus-Christ !...

(*Les 5,000 pèlerins, frémissant d'enthousiasme, se lèvent, et tous, la main tendue et d'une seule voix, disent alternativement avec le prédicateur*) :

    Amour à Jésus-Christ !...
    Amour à Jésus-Christ !!...
    Amour à Jésus-Christ !!!

Puis :   Vive Jésus-Christ !...
    Vive Jésus-Christ !!...
    Vive Jésus-Christ !!!

Ces acclamations retentissent sonores comme des coups de foudre ; l'enthousiasme est indescriptible, l'émotion se trahit par les larmes, et tout l'auditoire est remué jusqu'aux fibres les plus intimes de son cœur.

Aussi, est-ce avec une piété vraiment édifiante que cette foule immense assiste au salut très-solennel donné par Monseigneur Laborde.

Enfin, après la bénédiction, Monseigneur l'Evêque de Versailles entonne le *Te Deum* de clôture ; puis les prélats quittent processionnellement l'Eglise de la Sainte Tunique. Bientôt le peuple à son tour s'éloignera de la Robe sans couture de Jésus, car les plus beaux jours ont un soir ; mais pontifes et fidèles, garderont un souvenir délicieux de cette fête magnifique, et tous, en songeant à la Sainte Tunique, pourront répéter la charmante parole de l'Epoux des *Cantiques :* « *Odor vestimentorum tuorum sicut odor thuris.* » — « Le parfum de votre vêtement est doux à respirer comme l'encens. »

ÉPILOGUE

Les pèlerinages annoncés pour la troisième semaine de juin étaient si nombreux, que sa Grandeur Monseigneur l'Evêque de Versailles prolongea jusqu'au 17 juin inclusivement l'Ostension de la Sainte Tunique.

C'est ainsi que l'Eglise d'Argenteuil reçut tour à tour :

Magny-en-Vexin,

Nesles-la-Vallée,

Les ouvriers typographes du journal « la Croix »,

L'Orphelinat d'Igny,

Le Collège Sainte-Anne de St-Ouen,

L'Orphelinat des jeunes filles de St Laurent (Paris),

La maîtrise de Notre-Dame de Paris,

La Maison-Mère des Frères des Ecoles Chrétiennes,

Draveil,

Le Tiers-Ordre Franciscain,

Le Patronage de Neuilly-sur-Seine.

Mais l'honneur de clôturer définitivement les fêtes d'Argenteuil était réservé au Petit-

Séminaire de Versailles. Il était juste en effet que le dernier salut et la dernière prière adressés à la Robe sacrée du Sauveur fussent le salut et la prière des jeunes Séminaristes : futurs prêtres du diocèse qui a la gloire et le bonheur de posséder l'une des plus augustes Reliques de Jésus-Christ.

Du reste, en voyant le recueillement, la tendre piété, l'enthousiasme saint et paisible de ces jeunes élèves du Sanctuaire, on devinait facilement qu'ils comprenaient la haute signification de leur pèlerinage.

Arrivés à l'Eglise d'Argenteuil le 17 juin vers deux heures et demie, ils chantèrent immédiatement les Vêpres présidées par M. l'abbé Féron, professeur de sciences.

La réputation musicale du Petit-Séminaire de Versailles n'est plus à faire : elle a passé les frontières mêmes de la France, et le nom de M. le Chanoine Poivet, maître de chapelle, est béni de tous ceux qui rêvent d'entendre retentir dans nos églises le chant Grégorien dans toute sa pureté, dans toute son harmonieuse beauté.

Après les Vêpres, une sorte d'hymne à la Sainte Tunique, d'un large souffle poétique et d'une merveilleuse ampleur de mélodie, s'élève, portée par 250 voix vers les voûtes du temple, et fait passer un long tressaillement d'émotion dans l'âme des auditeurs.

Nous sommes heureux de mettre sous les yeux de nos lecteurs ce magnifique cantique, dû à la plume d'un professeur dont le talent égale la modestie :

REFRAIN :

Sainte Tunique, ouvrage de Marie,
Vous qu'ici-bas portait le Rédempteur,
Vous qu'inonda le sang de l'agonie,
Salut à vous, ô Robe du Sauveur.

1°

Lorsqu'en la foule on touchait votre frange,
Jésus rendait la force et la santé :
Par l'humble foi méritons la louange
Que lui donna le Dieu de vérité.

2°

Sur cette robe, au chemin du Calvaire,
Le sang divin coulait à larges flots ;
Puisse en nos cœurs la douleur salutaire
A cette vue éclater en sanglots.

3°

Faites, Seigneur, que la France égarée,
Obéissante à Jésus, Roi des Rois,
Sous votre égide, ô Tunique sacrée,
Retrouve enfin les gloires d'autrefois !

Une attention délicate avait réservé au R. Père Ernest, du Grand-Séminaire de Versailles, le soin d'adresser la parole aux jeunes séminaristes : — choix heureux, qui témoigne sensiblement de l'union, de l'harmonie parfaite établie entre les deux pépinières sacerdotales.

Le sympathique orateur, s'inspirant de ce fait que la Sainte Tunique porte dans sa trame le témoignage matériel de l'amour de

Dieu pour les Hommes, a successivement répondu aux deux questions suivantes :

Pourquoi devons-nous aimer Notre-Seigneur Jésus-Christ ?
Comment devons-nous l'aimer ?

1° — Jésus-Christ mérite notre amour à un triple titre : Il est *notre créateur* ; Il nous a faits à l'image de sa bonté, à l'image de sa beauté, à l'image de ses infinies perfections ; Il est *notre Rédempteur* ; Il est *notre vie.* Le Révérend Père développe cette troisième subdivision avec une chaleur pénétrante ; il expose, avec une sainte hardiesse empruntée à celle même de l'apôtre, la doctrine de saint Paul sur l'âme chrétienne, qui, au contact incessant de la grâce, se divinise peu à peu, si bien enfin qu'elle ne vit plus elle-même, mais que Dieu vit en elle.

2° — Les conclusions découlent tout naturellement de ce qui précède : Nous devons aimer Notre-Seigneur Jésus-Christ d'un amour *sincère,* d'un amour *souverain,* d'un amour *généreux.*

Induite Jesum Christum : tel est le dernier mot de ce discours aux accents pleins de cœur et de foi, qui laissera, nous en sommes persuadés, une trace profonde dans l'âme des jeunes gens et des nombreux fidèles qui eurent le bonheur de l'entendre.

Pendant le salut solennel, donné par M. le

chanoine Caron, leur aimé et vénéré Supérieur, les élèves du Petit-Séminaire chantèrent quelques beaux motets de leur pieux répertoire ; puis tous vinrent, précédés de leurs professeurs, baiser avec un tendre respect une parcelle détachée de la Robe sacrée.

. . . .

Les chants avaient cessé !.... La foule s'était écoulée lentement, et, à six heures précises, les portes de l'église d'Argenteuil se fermaient sur le dernier pèlerin.

Déjà tout était préparé pour replacer l'auguste Relique dans la châsse qui la contenait avant l'Ostension : une table couverte d'une fine nappe de lin reçut le précieux vêtement que les prêtres présents, revêtus du surplis, vinrent baiser avec une affectueuse vénération ; puis tous, prosternés, prièrent quelques instants autour de la Sainte Tunique.

La nuit allait descendre....., le soleil, à son déclin, projetait par les vitraux supérieurs de l'édifice quelques pâles rayons sur cette scène touchante, et de larges gouttes de lumière tombaient sur la Robe sacrée : c'est au milieu de cette vague lueur, succédant au grand jour et toute empreinte de mélancolie, c'est au milieu d'un silence profond, troublé seulement par le crépitement des cierges, que s'accomplit l'ensevelissement de la sainte Relique.

Avec un minutieux respect, M. le chanoine

Gallet plia soigneusement la Tunique précieuse, puis il la plaça dans le petit reliquaire qui fut aussitôt restitué à l'autel privilégié qui le renferme.

Les sceaux épiscopaux furent apposés par M. le chanoine délégué de Monseigneur l'Evêque de Versailles; puis, un procès-verbal en bonne et due forme de cette translation fut dressé et signé par MM. les chanoines Tessier et Gallet, — MM. les abbés Le Ronne, Faivre, Frey et Léger, vicaires d'Argenteuil, — Bouriau, curé de Montigny-les-Cormeilles, — Poirier, curé de Chamarande, — et le Révérend Père Vincent de l'abbaye de Clairefontaine, près Namur.

L'Ostension était terminée !..................

Divin Rédempteur, qui pourra jamais raconter les grâces spirituelles et les faveurs temporelles dont vous avez comblé vos chers fidèles pendant cette longue solennité de *trente-trois jours* ? — Qui jamais pourra dire la ferveur des prières que la vue de votre Sainte Robe a suscitées, la douceur des larmes purificatrices que les traces de votre sang précieux ont fait répandre ? — Qui donc enfin pourra jamais compter les malades que Vous avez guéris, les volontés chancelantes que Vous avez fortifiées, les esprits enténébrés que Vous avez illuminés, les cœurs meurtris que Vous avez consolés ?.....

O bien-aimé Seigneur Jésus, ne mesurez pas le temps de vos bienfaits à la courte durée de nos fêtes terrestres; mais continuez à verser sur la société de vos rachetés le saint amour et les sanctifiantes énergies « *afin que tous* (1), *au jour de la résurrection, nous méritions d'être revêtus avec vos saints de la Robe céleste et du vêtement de l'immortalité!* »

(1) Collecte de la Messe de la Sainte Tunique.

TABLE DES MATIÈRES

	Pages.
INTRODUCTION.	1
CH. I. — L'ÉGLISE ET LE RELIQUAIRE.	11
CH. II. — LA SAINTE TUNIQUE.	16
CH. III. — LA GARDE D'HONNEUR	22
CH. IV. — OUVERTURE DE L'OSTENSION.	34
Discours du R. P. Ollivier.	39
CH. V. — LES PÈLERINS.	53
CH. VI. — LES PÈLERINAGES.	59
Pontoise et Montmorency.	60
Saint-Séverin et Saint-Marcel de Paris.	64
Corbeil, Étampes, Boissy-Saint-Léger.	64
Argenteuil.	64
Discours de M. l'abbé Benoist.	66
Tiers-Ordre, Associés du Rosaire	76
Pèlerins Zélateurs.	76
Conférences de Saint-Vincent de Paul.	76
Comité catholique de Paris.	78
Archidiocèse de Rouen.	78
Meulan, Beaumont-sur-Oise.	78
Palaiseau, Garges.	78
Le Chesnay, Saint-Denis-la-Chapelle.	78
Archidiocèse de Reims.	80
Diocèse d'Autun	80
Cathédrale de Versailles.	80
N.-D. d'Auteuil.	80
Discours du R. P. Gardet.	83
Saint-Germain-en-Laye.	99
Saint-Sulpice de Paris.	99

Ch. VI. — Les Pèlerinages (*suite*):

	Pages.
Discours de Mgr Gassiat	100
Maisons-Laffitte, Mesnil-le-Roi	115
Pensionnat Saint-Joseph de Versailles.	115
Saint-Germain-des-Prés et Saint-Merry.	115
Séminaire des Missions étrangères	118
Colombes	118
Les Prêtres de la Mission	121
Saint-Jean-Saint-François de Paris	121
N.-D. de Plaisance	121
Mesnil-Saint-Denis	121
Diocèse de Meaux	122
Rambouillet, Le Raincy	122
Séminaire colonial	122
Orphelinat de Fleury-Meudon	126
Petits Clercs d'Issy	126
Oratoire salésien	126
Enghien, Poissy, Chaville	127
Marly-le-Roi, Viry-Châtillon	127
Morsang, Savigny	127
Frères Maristes de Plaisance	127
Saint-François de Sales, Asnières	130
Congrès et Pèlerinage de la Jeunesse Française	131
Cercle Montparnasse	131
Diocèse de Chartres	137
Saint-Denis, Neuilly-sur-Marne	137
Sainte-Clotilde de Paris, Clichy	137
Fourmies	137
Paroisses de Versailles	138
Diocèse d'Evreux	138
Dourdan	138
Saint-Pierre de Montrouge	138
Archidiocèse de Rennes	146
Saint-Augustin de Paris	146
Séminaire de Saint-Sulpice et d'Issy	146
Mantes, Sèvres, Arpajon	151
Montfort-l'Amaury, Gonesse	151
Villiers-le-Bel, Chambly	151
Villejuif, Sceaux, Auteuil	151
Saint-Paul, Saint-Louis de Paris	151
Passy, Saint-Michel-sur-Orge	151

	Pages.
Ch. VI. — Les Pèlerinages (*suite*) :	
Notre-Dame du Salut	155
Collège de Vaugirard	155
Conférence populaire	156
Diocèse de Valence	160
Saint-Lambert de Vaugirard	160
Saint-Jean-de-Dieu	160
Sainte-Enfance de Versailles	160
Ch. VII. — Clôture de l'Ostension	164
Discours de l'abbé Garnier	167
Épilogue	177

www.ingramcontent.com/pod-product-compliance
Lightning Source LLC
Chambersburg PA
CBHW060518090426
42735CB00011B/2278